U0067143

實務指導手冊

布偶

遊戲治療

Athena A. Drewes & Charles E. Schaefer 主編

自然就好心理諮商所 策畫

陳信昭、陳碧玲 總校閱

陳信昭、陳碧玲、陳宏儒、彭美蓁、蔡若玫 譯

Puppet Play Therapy
A Practical Guidebook

Edited by Athena A. Drewes
and Charles E. Schaefer

主編者簡介

Athena A. Drewes 是一位合格的兒童心理師、學校心理師、遊戲治療師及督導。她是亞斯德兒童及家庭服務中心（Astor Services for Children and Families）臨床訓練及博士層級實習部門的主任。她在督導臨床工作者方面有超過四十年的臨床經驗，專長是在學校、門診及病房以整合式遊戲治療方法治療經歷性虐待、複雜創傷及依戀議題的兒童青少年。

她曾經擔任美國遊戲治療學會的董事會委員，也是紐約遊戲治療學會的創始人及榮譽理事長。出版過許多遊戲治療方面的著作，也經常受邀至美國各州和全世界國家從事客座演講。

Charles E. Schaefer 為美國紐澤西州費爾利狄金森大學心理系榮譽教授。他是美國遊戲治療學會共同創始者及榮譽主席，也是超過一百篇研究文章的作者及共同作者，並曾撰寫和共同主編超過六十本專業書籍。

作者群簡介

Jennifer C. Ablow
奧勒岡州奧勒岡大學心理系副教授

Susan M. Carter
密西根州卡拉馬祖「改變與成長中心」私人執業合格心理師

Jo Ann L. Cook
於佛羅里達州溫特帕克私人執業

David A. Crenshaw
紐約州「波基普西兒童之家」臨床主任

Athena A. Drewes
紐約州中城「亞斯德兒童及家庭服務中心」臨床訓練及博士層級實習部門
主任

Pam Dyson
德州布蘭諾「DFW 遊戲治療訓練中心」創辦人

Brandon Eddy
德州理工大學社區、家庭與成癮服務系教授

Eliana Gil
維吉尼亞州菲爾費克斯「吉兒創傷復原與教育機構」共同創辦人;「星亮
遊戲治療訓練機構」主任;維吉尼亞理工大學家庭治療系兼任教授

Elizabeth Kjellstrand Hartwig
任教於德州州立大學專業諮商學程;德州遊戲治療學會理事長

Eleanor C. Irwin
臨床心理師、戲劇治療師、兒童及成人精神分析師、匹茲堡大學醫學院精
神醫學系臨床助理教授、賓州匹茲堡精神分析學中心教員

Jillian E. Kelly
於北卡羅萊納州阿什維爾私人執業

Susan M. Knell
於俄亥俄州海蘭海茨任臨床心理師

Elsa Soto Leggett
德州休士頓維多利亞大學諮商教育系副教授兼學程督導

Kristin K. Meany-Walen
愛荷華州人類科學應用學院諮商系助理教授

Jeffrey Measelle
奧勒岡州奧勒岡大學心理系副教授

Judi Parson
澳洲維多利亞迪肯大學精神衛生系講師

Siobhán Prendiville
愛爾蘭韋斯特米斯郡「兒童治療中心」兒童與青少年心理治療師、遊戲治療師、核心訓練師

M. Jamila Reid
華盛頓州西雅圖「驚奇年代學程」教授

Charles E. Schaefer
紐澤西州費爾利迪金森大學心理系榮譽教授；美國遊戲治療學會創始者暨榮譽主席

Quinn K. Smelser
任教於維吉尼亞州喬治華盛頓大學；曾服務於「吉兒創傷復原與教育機構」

Catherine Ford Sori
伊利諾州大學城州長州立大學心理學與諮商系教授

Brie Turns
德州理工大學社區、家庭與成癮服務系以及婚姻與家庭治療學程教授

Joanne F. Vizzini
馬里蘭州哥倫比亞合格臨床專業諮商師；曾任馬里蘭羅耀拉大學客座教授、臨床督導

Carolyn Webster-Stratton
華盛頓大學榮譽教授

總校閱者簡介

❖ **陳信昭**

學歷：臺北醫學大學醫學系畢業

現職：殷建智精神科診所主治醫師

自然就好心理諮商所創辦人

台南市立醫院精神科兼任主治醫師

台灣心理劇學會認證導演暨訓練師

國際哲卡·莫雷諾心理劇機構導演暨訓練師

美國心理劇、社會計量與團體心理治療考試委員會認證訓練師

中華團體心理治療學會認證督導

教育部學生輔導諮商中心臺南一區諮詢服務中心顧問醫師

社團法人台灣心陽光協會理事長

經歷：台灣心理劇學會創會理事長

中華團體心理治療學會理事

成大醫院兒童青少年精神科主任

台灣遊戲治療學會理事

台灣兒童青少年精神醫學會監事

專長：兒童及青少年精神疾病之診斷與治療

心理劇實務、訓練及督導

遊戲治療／沙盤治療

❖ 陳碧玲

學歷：國立彰化師範大學輔導與諮商研究所碩士

現職：自然就好心理諮商所總監

國際沙遊治療學會認證沙遊治療師

台灣沙遊治療學會監事

專長：沙遊治療

遊戲治療

創傷心理諮商

中年婦女心理諮商

譯者簡介

❖ **陳信昭**

（請見總校閱者簡介）

❖ **陳碧玲**

（請見總校閱者簡介）

❖ **陳宏儒**

學歷：國立彰化師範大學輔導與諮商研究所碩士

現職：文心診所特聘諮商心理師

高雄張老師中心特聘諮商心理師

專長：沙盤治療、敘事諮商、塔羅諮商

❖ **彭美蓁**

學歷：美國芬利大學英文教學碩士

南華大學生死學系碩士班研究生

現職：遠東科技大學兼任英文講師

專長：英文教學

❖ 蔡若玫

    學歷：香港理工大學管理學院品質管理研究所碩士

            長榮大學翻譯研究所碩士

    現職：自由譯者

            長榮大學翻譯研究所兼任講師

    專長：英文筆譯、英文口譯

序言

　　全世界幾乎每一間遊戲治療室都可以找得到布偶，由此可知布偶很受到歡迎。布偶已經被證實是吸引兒童很棒的工具，同時也提供一種安全的方式來讓兒童行動化衝突、表達感受、重新演出壓力事件並從中獲得掌控感，以及學習和練習比較合宜的行為。然而，多數治療師，包括遊戲治療師，在布偶的治療性運用方面卻很少（甚至完全沒有）接受訓練。

　　本書的目的在於提供布偶的治療性運用方面一些實務上的指引，目標是呈現一些基本技巧、技術，以及布偶遊戲治療有效實務方面的實際應用，包括開創性的視野和嶄新的方向。本書採折衷觀點，書中也描述布偶遊戲治療的幾種理論取向，讀者可以挑選最吻合自己個人信念和價值觀的原則及實務方法加以運用。不管是精神衛生及相關領域的新手或老手，本書都可以成為促進臨床技巧的必備指引。

Athena A. Drewes
Charles E. Schaefer

總校閱者序

　　我們最早運用玩具與遊戲接觸個案是二十多年前在臺南師範學院（現臺南大學）兒童諮商中心從事兒童諮商工作的時候，當時中心有一間大遊戲室擺放著各式各樣的玩具。個案們都很喜歡接觸玩具，有的還相當著迷，甚至時間到了還捨不得離開，而也因為有了玩具，我們與個案之間的關係似乎更容易建立。

　　1999 年底，信昭剛好有一筆經費可以用來更新他所任職的成大醫院兒童青少年精神科的兩間遊戲治療室，於是我們開始汰換那些被蹂躪多年的玩具，並且將兩個房間分別規劃成遊戲治療室和沙盤治療室。碧玲負責玩具和迷你物件的採購工作，時常看她拿著大包小包回家，細數著一天的戰果，臉上流露出天真的滿足。等到兩間治療室裝備得差不多的時候，裡面景觀煥然一新，兒童心理治療的環境與硬體獲得大大的改善。當精神科住院醫師輪到兒童精神科訓練的時候，即使對遊戲或沙盤治療並不熟悉，他們也願意開始投入跟兒童個案的遊玩之中，並且驚訝於「遊戲」也能帶來如此好的效果。諮商與輔導研究所的研究生到兒童青少年精神科來實習時，這兩間遊戲室也正是最頻繁運用的空間。

　　2004 年成大醫院兒童青少年精神科門診遷移到醫院正對面的一棟整建後的四層樓房中的二樓，其中規劃出診間、測驗室、團體治療室、家庭治療室、遊戲治療室以及沙盤治療室，整體的兒童治療空間及設施大為完善，提供給住院醫師、諮商與輔導研究所碩博士班研究生、行為醫學研究所碩博士班研究生更為完整且多樣化的學習場域。

　　2006 年信昭離開任職將近十六年的成大醫院，選擇到精神科診所

服務，並且設立心理工作室從事心理諮商或治療實務、督導工作，以及心理劇團體。在從事心理治療實務及督導工作中，遊戲、沙盤及角色扮演都是經常運用到的方式。

碧玲在臺南大學任教二十五年，最常教授的課程就是遊戲治療、沙遊治療，以及兒童青少年諮商輔導等方面的課程。近幾年來碧玲全心投入沙遊工作中，不但走過了自己的沙遊治療體驗，也參加了讀書會、個別督導、團體督導，還曾一年內二度前往美國加州參加各為期兩週的榮格取向沙遊治療工作坊，以及會後的個別督導。第二次到加州參加工作坊的時間距離我們家大兒子參加基測的時間只有一個多月，由此可知碧玲在學習沙遊治療方面的強烈決心。莫拉克颱風期間剛好是碧玲留職停薪一年的期間，她之前任教的臺南大學輔諮系認輔了那瑪夏三民國中（災後借用普門中學校舍上課），在那半年當中，碧玲每週有兩個半天到三民國中從事受災學生的沙遊治療，她更特別去找到適合帶上車的迷你物件收集推車，時常看著她將沙盤、物件搬上搬下，載運到學校，做完之後再載回家，看起來真是忙碌，但碧玲似乎樂在其中。在受災學生的沙遊治療過程中，碧玲本身在專業上也獲益良多，同時家裡也多了許多關於象徵及神話的書籍，藉此加深了對於沙盤世界的理解。2011 年 8 月，碧玲和她的沙遊學習夥伴與她的老師一起在瑞士舉行的「世界沙遊治療學會 2011 年年會」中口頭報告了他們對受災兒童青少年的沙遊治療成果。為了這趟報告，信昭特地將家庭的年度旅遊安排到瑞士，於是全家四人提前兩週出發，以自助搭火車的方式遊覽了聖模里茲、策馬特、蒙投、茵特拉根、琉森、伯恩、蘇黎世等地，看見了號稱全世界最美麗國度令人讚嘆的美景，也是我們全家人對碧玲超級用心學習沙遊治療以及努力從事沙遊實務工作的鼓勵及見證。經過多年努力，碧玲在 2018 年末終於取得國際沙遊治療學會認證的治療師資格，這成果真是得來不易，需要有極大的堅持和認真。碧玲接下來繼續往國際沙遊治療學會的教師資格前進，必

須更加努力研讀，家裡多出許多榮格取向的書籍，也開始展開一些教學和督導的課程及活動。

2010 年 5 月，信昭在臺南創辦了「自然就好心理諮商所」，裡面設有個別治療室、婚姻與家庭治療室、心理劇團體室、遊戲治療室以及沙盤治療室。自然就好心理諮商所的個案以兒童及青少年為主，因此遊戲治療室便是最常用到的一間治療室，有時候個案較多的某些時段還會發生「搶」治療室的情況。於是，我們將沙盤治療室布置成遊戲與沙盤治療雙功能的房間，最近更將信昭的書房也改裝成可以用來從事沙盤工作、布偶遊戲及晤談的多功能治療空間，以便能夠滿足實際需要。經營一間心理諮商所沒有想像中簡單，感謝所有曾經在諮商所付出的夥伴們。碧玲於 2014 年 2 月從大學教職退休之後加入自然就好諮商所一起努力，在遊戲治療及沙遊治療方面提供了更多元的服務。

隨著我們這些年來對遊戲治療以及沙遊或沙盤治療的熱衷和興趣，我們也翻譯了相關的書籍，前後出版了《策略取向遊戲治療》、《沙遊治療》、《遊戲治療新趨勢》、《孩子的第一本遊戲治療書》、《兒童遊戲治療案例研究》、《經驗取向遊戲治療》、《沙盤治療實務手冊》、《沙遊分析——沙遊類別檢核表之應用》、《親子遊戲治療》、《遊戲治療——建立關係的藝術》、《親子關係治療手冊》、《遊戲治療必備技術》、《兒童心理創傷後的遊戲治療》等書，也和英國創意藝術大學插畫研究所碩士班畢業的大兒子合作了一本《遊戲治療到底是什麼？》圖畫書。上述每一本書在遊戲治療領域裡面各有不同層面的功用，期待能夠對這方面的專業人員提供多元的參考資料。到後來卻發現，收穫最大的其實是我們自己，因為在翻譯的過程中讓我們體會到遊戲治療和沙遊治療的多元面貌，進而找到我們本身各自最適合的方法及取向。

　　在網路書店發現此書原文版，聯想到全世界每間遊戲治療室裡都放有許多布偶，但是似乎很少有機會學習到如何適切運用這些布偶，買來讀完之後發現這本書對布偶遊戲有非常多元的描述，包括了多種評估方法，也提到了許多不同取向的介入技術及運用的族群，絕對是對布偶遊戲治療有興趣的專業人員書架上一定要有的必備書籍，因此決定將它翻譯成中文。在翻譯此書的過程中，感謝宏儒、美蓁及若玫的協助，很高興有機會一起完成這本很有趣的書籍。非常感謝心理出版社林敬堯總編輯和林汝穎編輯的協助，方能使此書得以順利出版。

　　本書雖經多次校閱，疏漏尚且難免，還望各位先進不吝指正。

陳信昭、陳碧玲

2021 年 9 月

於臺南自然就好心理諮商所

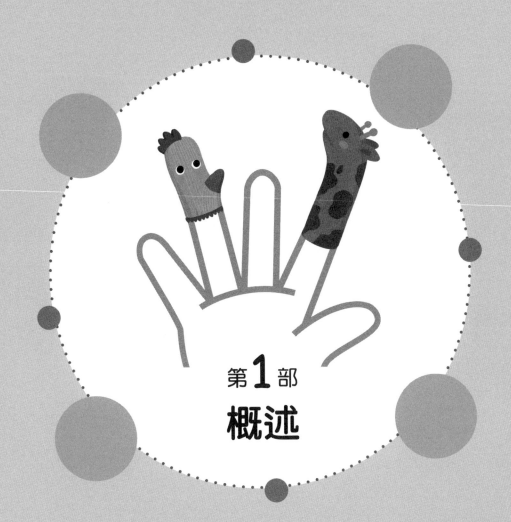

第**1**部

概述

第1章

布偶遊戲治療的
基本概念及實務

※

Charles E. Schaefer、Athena A. Drewes

簡短歷史回顧

　　超過三千年以來，布偶一直對成人有著普遍的吸引力，他們利用布偶來從事娛樂、告知人們某些事情、述說神話和傳說，以及促進部落儀式及宗教慶典。看著無生命的物體變得栩栩如生，是一件很神奇又超棒的事情。由於布偶展現出人的語言及動作特性，人們會認同這些布偶，並且在布偶身上看到他們自己或是自己的一部分。布偶將操控者的內在精神狀態轉換成有形的形式，這可以讓溝通變得更加生動活潑，同時將所有年齡的人們帶到一個幻想和愉悅的世界。布偶是很重要的兒童時期玩具，它對想像力的刺激能力無法被充滿聲光效果的現代電子玩具所取代。

布偶遊戲治療

　　一直到 1930 年代，精神衛生專業人員才開始探索布偶運用於兒童的價值——不管是為了診斷或治療目的。最早的先驅者是 Adolf Woltmann

和 Loretta Bender，他們運用布偶秀在精神科專門醫院幫助兒童透過對布偶的認同及投射過程來自由表達，並對他們的問題找到解決方法（Bender & Woltmann, 1936; Woltmann, 1940）。布偶秀所包含的劇情是根據兒童經常經驗到的主題或衝突而來，例如手足爭寵或攻擊的表達。兒童們被要求針對布偶角色表達出來的衝突提供解決方法，而這些方法就被用來當作治療的基礎。

　　布偶遊戲治療是遊戲治療的一種形式，是精神衛生專業人員運用布偶作為診斷及治療的目的。在當代兒童心理治療當中，布偶遊戲治療已經成為一種主流的實務方法。再者，運用布偶來促進療癒及發展在近幾年已經被廣泛利用。目前布偶已經被有效地運用在各種年齡當中——從嬰兒到老年。此外，家長和專業人員也發現布偶在醫療、教育及家庭環境中對兒童都極有助益。本書第四部分將會描述布偶在各種不同環境中的應用情況。

布偶遊戲治療的基本概念

● 布偶遊戲的治療力量

　　布偶遊戲可以促進個案治療改變的主要方式是透過以下的療癒過程：

1. 自我表達

　　透過布偶說話可以提供個案足夠的心理距離，讓他們坦露出不容易用他們自己的聲音表達的困擾想法及感受。利用布偶描述它們的內在世界可以讓人們覺得安全，因為人們可以否認布偶所描述的狀況與自己有關。兒童可以將感覺和想法投射到布偶身上，卻不必為投射的行動及話語負責任，因為他們認為這些行動和話語都是出自另外一個人。

2. 觸及潛意識

　　布偶對個案的潛意識過程提供一個窗口，方式是透過以下的防衛

機轉，例如投射（projection），也就是將自身感覺或慾望的潛意識屬性放到布偶身上；象徵化（symbolization），某樣物體代表的是另一個涵義，舉例來說，巫婆布偶可以代表一位惡毒的母親人物；置換（displacement），把原本對某位家庭成員的感覺導向某個布偶。

3. 宣洩

無須以衝動行為將暴力或挫折的感覺宣洩出來，個案可以將這些感覺滲入布偶中。舉例來說，假如他們有生氣的感覺，透過布偶爾得以安全表達，那麼接下來就會有一種極大的釋放及喜悅感。

4. 直接的教導

布偶可以吸引兒童的興趣、專注，並且讓他們在學習上投入（Remer & Tzuriel, 2015），因此可以促進兒童獲得更有合宜的想法、感覺及行為，例如理性思考、情緒調節及社交技巧。

同時，老師和家長可以運用布偶透過視覺象徵來做概念上的教導——舉例來說，一個生氣的布偶臉象徵了生氣的感覺——並且統合口語表達、理解以及知識的保留（Peyton, 2001）。布偶可以幫助兒童很快地記住他們內在處理過的狀況，同時將他們聽到布偶所說的話與他們所看到的狀況連結起來。視覺元素加上概念元素就可以混合形成很有力的視覺教育（Peyton, 2001）。

5. 發洩

透過布偶重新演出有壓力或創傷的事件，個案可以獲得：(1) 事件當下無法表達出來的無力感或焦慮感可以得到情緒釋放；(2) 有機會重複練習修正性的行動，以便對創傷經驗獲得一種掌控感。

6. 感覺的覺察

布偶可以為個案示範如何標記及表達感覺，以及如何同理別人的感

覺。這樣可以擴展兒童的「感覺」語彙。兒童會信賴布偶，也經常會做一些事來取悅布偶，但兒童卻不會為別的兒童或大人這麼做，因此透過這過程就得以發展出同理心。

7. 治療關係

與布偶一起玩的樂趣可以幫助治療師與兒童建立治療關係，因為兒童天生有玩樂心。即使是「很難接近」的兒童都很容易對布偶遊戲出現正向的回應。布偶可以很快打破抗拒，並且有助於促進信任和動機，若是使用其他方法，這樣的信任和動機可能需要花好幾個星期才能做到。

8. 問題解決

治療師的「助手」布偶可以擔任說理和建議的聲音，幫助兒童解決他的主述問題。相反地，兒童也可以為跟兒童有著類似問題的一個布偶充當「助手」，例如令人困擾的擔憂。同時，透過在布偶遊戲中扮演不同的角色，個案也可能會對真實生活的問題找到他們自己的解決方法。

9. 行為預演

針對兒童即將經驗到的壓力事件，例如醫療檢查或是開始上學，治療師可以運用布偶來示範因應策略。目標是減少壓力源的未知層面，並且示範因應策略，像是深呼吸和自我內言（Shapiro, 1995）。

10. 評估家庭動力

布偶遊戲評估讓治療師有機會直接觀察家庭互動，像是溝通模式、角色，以及聯盟，而不是僅僅根據背景資料去推測家庭關係。

理論取向

布偶遊戲的這些以及其他額外的治療力量已經被所有重要的遊戲治療

取向所運用。本書的第三部分將提到不同遊戲治療模式的治療師如何執行布偶遊戲治療的實務工作——有指導式也有非指導式。當中會描述以下理論取向的布偶遊戲療癒力量之特別應用：兒童中心、精神動力、阿德勒，以及焦點解決。

● 布偶的類型

布偶是無生命的物體，透過人的操控而有了動作，並顯得彷彿有了生命。一般有六種布偶類型：(1) 手偶（hand puppet）；(2) 傀儡（marionette）；(3) 皮影戲（shadow puppet）；(4) 搞笑布偶（Muppet）；(5) 假人偶（dummy）；(6) 指偶（finger puppet）。

1. 手偶

三到一百零三歲的人都可以使用手偶！這些包含許多可以戴在手上，且由操偶者操控的布偶。它們也包含口偶，也就是嘴巴可以動，操偶者可以用手加以操作而來促進自我表達。比起線傀儡，手偶的動作更靈活靈現，且更有攻擊性及表達性（Bender & Woltmann, 1936）。手偶應該具有重量輕、摸起來舒服、搬運方便以及價格便宜等特性。手套布偶就稍微複雜一點，手指在布偶裡面有特別放入的位置，可以獨立操控布偶的手部和頭部。

2. 傀儡

由幾個部分連結起來而顯得像是人或動物的縮小版，然後從上面拉扯線和木棍加以操控。一般來說會使用偶台，以便隱藏操偶者的手。

3. 皮影戲

這些大部分是扁平、不透明、有顏色的人物圖形，且連結著木棍，操偶者通常會在一個燈源及屏幕後面操控，藉以投射出人物圖形的黑色輪廓或剪影。

4. 搞笑布偶

搞笑布偶是介於手偶和傀儡之間的東西。可以有一位或兩位操偶者，操控嘴巴的方式就像是手偶，而四肢的操控則透過線和木棍，像是傀儡。

5. 假人偶

最真實的布偶類型就是腹語師的假人偶。操控者將手放在假人偶身體裡面，然後透過線和木棍操控假人偶的下顎、手和腳。腹語師必須擁有許多技巧方能操作自如。

6. 指偶

這種是很小的布偶，可以套入一根手指頭裡面，是年幼兒童最容易操作的布偶類型。指偶很容易收藏，而且只要用一隻手就可以套上一個家庭的所有角色。

每一種類型的布偶各有優點，但是手偶是「必備」的遊戲治療布偶。它們具有重量輕、摸起來舒服、搬運方便，以及價格相對便宜等特性，而且兒童初期到老年期的人都很容易操作。由於手偶是最單純、運用最方便且最受歡迎的布偶類型，本書將會聚焦在這類型布偶上面。

● 挑選適合放在遊戲室的布偶

一般的做法最好是擺放各式各樣總共 15 到 20 個布偶（Carter & Mason, 1998）。布偶太少會限制表達的範圍；太多則造成選擇性太多，可能會讓個案招架不住。基本的類別應該包括：

真實家庭人物（例如：媽媽、爸爸、兩個孩子）
凶猛和溫馴的動物（例如：狼、狗、老鼠）
人類角色（例如：警察、醫生）
幻想人物（例如：巫婆、好心仙女、惡魔、超級英雄）

標準的布偶收集應該包括兒童可能會在生活中遇見的人物象徵，例如好心仙女代表提供幫助的女人，或者應該象徵內在的個性特點，例如老鼠代表膽怯。

當然，每一位遊戲治療師都有他個人最喜歡的布偶。最近對美國的遊戲治療師所做關於實務上最有用的布偶這方面調查（Schaefer, 2017），發現他們最常提到以下的一些布偶。他們認為這些特定布偶為何對兒童那麼有療效的原因也摘要於後。

1. 龍（表達以及掌控恐怖或創傷的經驗）。
2. 烏龜（許多害羞的兒童總是縮著頭，並且在社交情境中隱藏自己）。
3. 家庭（刻劃家庭互動）。
4. 鯊魚（表達攻擊性以及感覺受到保護）。
5. 鳥（飛翔以及容易逃脫危險）。
6. 狗（安撫及滋養）。
7. 恐龍（表達力量及保護的主題）。
8. 鱷魚——嘴巴有拉鍊可以開關（透過憤怒地吃掉阻礙它的所有東西，藉以表達口部攻擊性）。
9. 蛇（表達力量及攻擊性）。
10. 巫師（擁有神奇的力量，可以讓人生活中的事情變好）。

挑選布偶的其他指引包括：
挑選的布偶應該要

- 兒童容易操控。
- 質地柔軟、讓人想摸，而不是質地堅硬。
- 可清洗或容易清潔。
- 擁有某種「個性」。這種無形的特質容易識別，卻不易界定，不過，當你看到這個布偶時，你就會很直覺地知道該布偶會如何說話和行動。
- 視覺上和材質上具有吸引力。

- 嘴巴可以動（尤其是針對五歲以上兒童）。
- 具有文化多樣性，包括膚色。
- 討人喜歡。

● 基本的操偶技巧

在一隻靈巧的手上，布偶就有了生命，但它們需要的不只是你的手，你必須把你的心給它們。

—— *Tom Tichenor*

以下的基本操偶技巧可以幫助成人讓手偶變得栩栩如生。就像其他技巧一樣，經常練習就能變得熟練，我們特別推薦在鏡子前面做練習。

1. 動作

動作是讓布偶活起來的基本要素（Astell-Burt, 2001）。盡可能讓你的布偶模仿此布偶所代表的人物或動物角色在真實生活中可能做出來的動作。因此，一個狗布偶應該要精力旺盛地快速移動，而一個「老人」布偶則是要行動緩慢；傷心的布偶頭可能就會低低的。所謂操控，就是讓你手中的布偶動起來，但這不像表面上看來那麼簡單。一剛開始你可能會讓布偶動得太多而顯得像是過動，或是讓它動得太少而顯得有點遲鈍或缺乏生趣。

讓動作時快時慢，保持行動的持續性，並且讓布偶的動作生動到足以維持兒童的興趣。只要布偶的頭、口或身體在整個對話過程中都不斷有動作，兒童並不會去在意聲音究竟出自誰的嘴巴。

2. 焦點

很重要的是布偶應該要看著它正在對話的那個人或布偶，並與對方有眼神接觸。同時，當你的布偶正在說話，要讓布偶看著對方的布偶以吸引注意，而不是看著布偶在對話的那個人。

3. 嘴巴動作

一般人在說話的時候，他們的下顎會上下移動，但上顎保持不動。因此，盡可能移動布偶的下顎多過於移動上顎。由於是大拇指在控制下顎，布偶說話的時候要讓大拇指向下移動，其他四根手指頭則保持不動。

4. 嘴唇同步化

在說出重要的音節或單字之際同步打開你手中布偶的嘴巴三到五公分寬。在誇大或大聲量的表情時，你可以讓布偶保持嘴巴大大張開。要記住，聽眾最容易注意到的是一個句子最開始和最後的音節，這時最適合做嘴巴同步化，而在這兩者之間的音節就比較不容易被留意。嘴唇同步化最常見的錯誤就是每講一個音節就閉一次嘴巴，這會讓布偶看起來像是在「吃下它說的話」。

5. 適切的聲音

轉換你的聲音來配合布偶的特性。一隻恐龍發出微弱的聲音或是一隻老鼠發出巨大聲響，就不是該布偶的適切聲音，也很難讓人信服。讓你的聲音誇張一點；讓聲音變得好玩、戲劇化、帶有魔力！一種獨特的聲音會讓布偶容易被認得，聽起來也比較有趣。開發出與你原本聲音很不一樣的聲音，這會帶來震撼、驚豔、戲劇化、玩興。看看布偶，感受一下它所代表的特性（睡眼惺忪可能表示聲音緩慢、疲倦；牙齒很多可能表示喋喋不休的聲音；嘴巴很大可能表示語帶命令的深沉聲音）。

透過改變音調來製造更高或較低的聲調和抑揚頓挫，以創造一種新的聲音，藉以強調某些字詞、音量、語速及呼吸品質。

運用極端狀況：非常高或低音的耳語；超長時間的哈欠；速度超慢或超快；咆哮聲、聲調不斷改變的聲音、非常深沉的聲音、呱呱大哭；發脾氣或快樂的聲音。字句拉長以製造一種緩慢聲音；運用強烈、愉快及清晰的聲音以表示肯定。

6. 姿態

讓撐住布偶的手與地面保持 90 度，避免無緣無故讓布偶左右或前後傾斜。如此一來可以製造出布偶好像有腳的錯覺，也讓布偶看起來更加自然。

7. 個性

為布偶創造一種吸引人的個性，但須吻合該布偶的生理和心理特性。這樣會讓布偶更加有趣並吸引人。

這個布偶看起來像什麼或是代表著什麼呢？給它一個名字，想一想它喜歡的東西、工作、幽默感、朋友、口頭禪、最喜歡的食物、個人過去史、特別的興趣。

它顯得有吸引力、異國風情、乾淨、可愛、樸實、髒兮兮、長得好笑嗎？你的布偶感覺如何？它快樂、害怕、愛發牢騷、緊張、悲傷、易興奮、生氣、受到驚嚇嗎？

給它一個特異體質，讓它與眾不同：有過敏、經常打噴嚏、到固定時間就會睡著、總是腦袋不清楚。個性的怪癖會讓布偶更有人性、更迷人。它會表現出何種行為呢？它會很氣派、友善、害羞、心思細密、有威嚴、虛弱、自大、堅強、善忘、糊塗或嚴肅嗎？

8. 比實際的更誇大

布偶的特性應該刻劃得比實際的人物或動物更加誇大，以便吸引觀看者的注目。一個膽怯的老鼠布偶應該表現得更膽怯一點；一個邪惡的巫婆布偶要更邪惡一點；一個傻愣的布偶要超級好笑。

9. 臉部表情

在適當的時機運用你的手指讓布偶的臉皺起來，以便強調某些情緒，例如害怕或喜悅。

10. 名字

為你的每一隻布偶取一個名字，這樣它們會變得更加真實，例如好傢伙、壞壞、小可愛。

11. 時間長短

一位年幼兒童的布偶表演時間應該要短一點，以便維持兒童的興趣和專注——一般來說不要超過 10 到 15 分鐘。

12. 暖身

一旦兒童已經挑好一隻布偶，準備好要開始玩，這時候可以問布偶一些有關它自己的問題，舉例來說，「你叫什麼名字？」、「你是什麼樣的布偶？」、「你是好布偶還是壞布偶？」這類暖身活動可以幫助兒童在投入接下來的布偶遊戲治療活動之前，先習慣於讓布偶好像活起來一樣。

實務議題

● 布偶遊戲的缺點

許多兒童會急著讓一些看來具有攻擊性的布偶（例如鱷魚和獅子）一直去咬或撞別人，包括治療師。為了預防這類狀況，你可以很快地要求兒童說說關於這個布偶的事情，而不是急著讓這類布偶演出；舉例來說，詢問布偶的名字、它幾歲、住在哪裡。

對於有精神病症狀或嚴重情緒困擾的兒童，布偶劇與其他類型的幻想式治療應該要很小心運用。他們脆弱的現實感有可能會因幻想遊戲而變得更加弱化，同時幻想遊戲也可能會讓他們感到害怕（Woltmann, 1964）。

● 收藏布偶

　　你應該視布偶為有生命的東西，不是把它們丟在盒子裡面，而是把它們展示在書架的最上面或是層板上。可以使用有獨立袋子可置放物體的鞋袋或鞋架，將它掛在門背，這樣子可以把不同布偶放入獨立的袋子內，這就是收藏布偶的簡單方法。你也可以製作一個布偶架，就像衣架或帽架一樣有支柱、夾縫釘可以掛布偶，也有「腳」可以讓架子在房間的角落站立著（見圖 1.1）。

圖 1.1　布偶架

（攝影：Athena A. Drewes）

布偶劇台

　　布偶劇台的樣子可以是比較傳統的形式，劇台放在地板上，兒童可以到劇台後面演出（見圖 1.2），或是利用桌子或書架的頂端來做演出。你也可以很快弄出一個布偶台，方式是將桌子翻轉而桌面朝外，或是用一塊布蓋在一根木棍上，然後將木棍靠放在兩張椅子的椅背上，或是將一條毯子鋪放在一張桌子或一把椅子上面，然後屈身其後，伸出帶著布偶的手演出。其實不一定要有布偶劇台，戲劇式的布偶遊戲沒有劇台也可以演出，

圖 1.2　布偶劇台

（攝影：Athena A. Drewes）

讓觀眾看到布偶也沒關係。

◉ 取得手偶的來源

可以上網從以下網址訂購各種高品質的動物、人物和幻想式布偶：

- Folkmanis: www.folkmanis.com
- The Puppet Store: www.thepuppetstore.com
- PuppetU: www.puppetu.com

你也可以使用紙盤或壓舌板來製作布偶（見圖 1.3 和 1.4）。

或者，若想找自己做各種布偶的指導方式，包括紙袋、襪子、指偶及搞笑布偶，也可以參考網址 www.wikihow.com/Make-Puppets。

圖 1.3　壓舌板布偶
（攝影：Athena A. Drewes）

圖 1.4 紙盤布偶

（攝影：Athena A. Drewes）

參考文獻

Association for Play Therapy. (1997). A definition of play therapy. *The Association for Play Therapy Newsletter, 16*(1), 7.

Astell-Burt, C. (2001). *I am the story: The art of puppetry in education and therapy*. London, UK: Souvenir Press (E&A) Ltd.

Bender, L., & Woltmann, A. (1936). The use of puppet shows as a psychotherapeutic method for behavior problems in children. *The American Journal of Orthopsychiatry, 6*(3), 341–354.

Carter, R., & Mason, P. (1998). Selection and use of puppets in counseling. *Professional School Counseling, 1*(5), 50–53.

Peyton, J. (2001). *An analysis of the qualities in puppets*. Retrieved April 2, 2017, from www.puppetool.com/!getpublicfile.php?fid=155

Remer, R., & Tzuriel, D. (2015). I teach better with the puppet. *American Journal of Educational Research, 3*(3), 356–365.

Schaefer, C. E. (2017). Play therapists report their most useful puppets. *Play Therapy Magazine, 12*(3), 25–27.

Shapiro, D. (1995). Puppet modeling techniques for children undergoing stressful medical procedures. *International Journal of Play Therapy, 4*(2), 31–39.

Woltmann, A. (1940). The use of puppets in understanding children. *Mental Hygiene, 24*, 445–458.

Woltmann, A. (1964). Psychological rationale for puppetry. In M. R. Hamout (Ed.), *Child psychotherapy: Practice and theory* (pp. 395–399). New York: Basic Books.

第 2 章

布偶遊戲治療運用於
全年齡階段兒童

Eleanor C. Irwin

　　傀儡和布偶被全世界用來當作娛樂已有幾個世紀，即便在我們所著迷的數位時代，它們仍然受到廣泛的歡迎。源自於 18 世紀義大利的潘趣和茱迪（Punch and Judy）木偶戲的變體迅速地傳播到英國、法國、德國和俄羅斯，而且有一些還出現在當今的 YouTube 上。很受小孩子們歡迎的手偶有《羅傑斯先生的鄰居》（*Mister Rogers' Neighborhood*）兒童電視劇裡的佛萊迪國王和伊蓮小姐，以及《芝麻街》節目裡的科米蛙（Kermit the Frog）和餅乾怪獸（Cookie Monster）。同時，成年人同樣被百老匯戲劇的現場演員以及布偶吸引，像是《Q 大道》（*Avenue Q*）和《上帝之手》（*The Hand of God*）。

　　跨越時代和文化的布偶魅力持續存在著，隨之而來的是在許多領域中的使用增加，因此運用在心理治療領域也就不足為奇了。這些以人、動物以及象徵性人物類型為特色的滑稽遊戲片段通常很有趣，但是它們也可能是非常暴力和粗鄙。似真非真，布偶能夠描繪關於個人狀況的深刻見解，但也很容易被視為「假裝」而不予重視。而在這種悖論之下其實有著心理治療的核心價值。

布偶遊戲成功的因素

因為布偶提供了兒童想像力的現成通道，所以可說是遊戲室裡有用的添加物，有助於診斷（了解）和治療（幫助）那些希望從痛苦的「不好感覺」中解脫的兒童們（Schafer, 2003）。為了提升布偶遊戲更深層的價值，需要一個能夠了解非口語溝通且具有同理心的治療師（Schore, 1994），以及各式各樣令人愉悅的手偶。一個對遊戲感到自在且熟練的治療師能夠協助年幼的小孩們融入表徵式遊戲（Sandler & Rosenblatt, 1962），還有那些已經內化幻想世界的潛伏期（約六到十二歲）兒童們（Piaget, 1962），以及正處在身分掙扎、角色混淆、關係和學校問題，及「第二次分離一個體化」議題的青少年們。布偶遊戲的目標在於協助所有兒童揭露隱藏在症狀背後的狀況，並且透過治療同盟的協助，為他們的生命帶來正向的改變。

這樣的宣告：「這是一個遊戲，不是真的，是假裝的」，提供了假裝的心理安全性，一個不揭露（或不被懲罰）隱藏秘密的承諾。當然，儘管這個故事是編造的，但是感覺是真的，這種情況治療師知道，但遊戲者尚未體悟。透過假裝「買斷」了嚴厲且經常譴責的超我，布偶促進了戲劇性的遊戲，可解除被隱藏的羞愧感、罪惡感以及恥辱感。

治療師可以從布偶遊戲知道些什麼？

形式和內容兩者提供了有價值但卻不同種類的訊息。「內容」給了關於這個故事裡潛在衝突的線索，那就是，這個故事的內容、角色、情節和衝突是什麼；而「形式」告訴我們這個故事是如何玩出來，這個小孩的長處和弱點，以及他（她）的防衛是什麼。

儘管布偶的角色是自我或重要他人的投射，但是它們通常被兒童的防衛所掩蓋，也因此構成了一種另類的「語言」。在遊戲中使用的主要防衛

是象徵性、投射以及置換，其大致可以用下列幾種方式來定義：「象徵性」是人類以一件事情（潛意識地）來代替另一件事的思維能力；「投射」指的是將不能接受的想法或衝動歸因於其他人；「置換」則是個人將危險或無法接受的想法重新導向到他人身上（或其他事情）的傾向。由於每個人在某程度上都運用了這些防衛，因此我們能夠清楚地看到布偶遊戲如何以愉快的方式讓人「擺脫」看似危險、令人害怕的感覺，就像下列的案例所描繪。

● 五歲的喬伊：布偶戲如何帶來幫助的一個案例

在被一個酒醉的駕駛撞到之後，喬伊經歷了巨大的癲癇發作，醒來之後發現醫生給他打針。伴隨著困惑及驚嚇，他還是康復了，但是喬伊卻一直受到噩夢的折磨以及恐慌的攻擊，尤其在要去診所之前那段時間。喬伊的父母因他們孩子的「發脾氣」而感到精疲力盡，同時因他的睡眠問題而感到耗竭，他們自己也尋求協助，希望能夠協助他們以前那個冷靜及鍾愛的孩子減輕痛苦。

在第一次單元裡，當喬伊被要求使用二十幾個散落在地板上的布偶說一個故事時，喬伊很快就選了一個鮮紅色的魔鬼和一個看起來像真人一樣的男孩布偶。喬伊完全不理會布偶的舞台，他在我辦公室的椅子上坐下來，將布偶放在桌子上，接著開始玩。為了給他一些結構，我打斷他，並要求他介紹這些布偶以及這個故事在哪裡發生（例如，這個故事裡有誰、發生了什麼事、在哪裡發生、最後以動機性的「為什麼」做結尾）。

喬伊很沒有耐心地開始：「嗯……它是關於這個魔鬼醫生和一個男孩，在這個醫院裡。」快速地從我的桌子拿了一枝鉛筆，這個男孩說這個魔鬼醫生很開心且重複地「刺」這個男孩，並說：「你需要這一個，和這一個，和……等等——（用一枝紅色的鉛筆）……就是這枝很『大』的！」

所以我們得到的訊息是：一個直接、未經精心編造的情節，標題是「魔鬼醫生和他的大針筒」。在最後和這個男孩的「訪談」時，我通常會

問在這個故事裡他喜歡當哪一個和不喜歡當哪一個（假設兩極都是自我的部分）。喬伊斷然的說，雖然魔鬼醫生很壞，但是他想要當那個魔鬼醫生。我扮演護理師的角色訪問了魔鬼醫生，問他為什麼這個男孩需要打這麼多大針。這個醫生說：「啊！他很壞——而且是他活該！」我探問：「很壞？」、「怎麼壞？」這個魔鬼說：「嗯……很壞是因為騎他的腳踏車到街上！」（也就是說，這個車禍是喬伊的錯——他不聽話的處罰！）

接下來還需要修通他心中困惑的理解，但是喬伊最後終於明白他不需為這場意外負責，那個酒醉的駕駛才需要負責。布偶治療提供了：(1) 樂趣；(2) 發洩；(3) 一個強大的治療同盟（類似於一種正向移情），幫助喬伊享受他的治療單元，並且感到更有希望。在喬伊不那麼困惑、焦慮，以及受過去事件困擾之後，他以一個潛伏期兒童的內在結構進入了小學一年級（Sarnoff, 1976）。

布偶遊戲的療癒力量

喬伊的遊戲說明了在這個模式裡的治癒潛力是什麼。儘管喬伊以他的觀點述說這個故事，他將他的憤怒和憎恨投射在這個醫生身上（被象徵為魔鬼），同時將他的攻擊情緒（以及自我憎恨）置換到這個魔鬼醫生身上，因他怪罪是這個醫生害他造成問題。為了進行這一系列心理上的技巧，我們必須加入化被動為主動（Freud, 1920; Waelder, 1933），將這樣的遊戲連結到透過角色反轉而來的重複性強迫以及意圖達到掌控。就像 Waelder 簡潔的寫出，遊戲是這個兒童「零散的吸收」經驗的一種方式，這種經驗多到無法「一口氣立即被吸收」（Waelder, 1933, p. 218）。隨著焦慮逐漸減少，喬伊從一個消極的受害者變成一個積極的侵略者，深刻地描繪了 Erikson 的評論，即「玩出來」是童年能夠做的最自然的自我療癒方法（1950, p. 222）。

布偶遊戲的程序

●布偶選擇的範圍

選擇性和多樣性對於讓布偶遊戲在心理上成為安全、有益處的方法至關重要。除了一個受過訓練的遊戲治療師之外，布偶遊戲也要有：(1) 各式各樣的布偶；(2) 一個舞台或小孩可以藏身在後面的某樣東西；(3) 可以從單元中協助發掘診斷資料的半結構式訪談。

為了增加多樣性，布偶的選擇可以包含以下幾種類別：(1) 真實的家庭角色（媽媽、爸爸、小孩）和幻想型的布偶（例如，皇室家庭的國王、皇后、王子、公主、衛兵以及其他等等）；(2) 飼養的和野生的動物（狗、貓和鳥，也要有猴子、狼、大猩猩、蛇、鱷魚，或其他有尖銳牙齒的動物等）；(3) 象徵性人物（巫婆、怪物或壞傢伙、巨人、魔鬼、骷髏）；(4)「職業」布偶（醫生、護理師，及特別是一個經常充當懲罰性超我之聲的警察，有時候甚至是父親的形象）；(5) 可以象徵性地代表任何東西的非定型外觀的物件（例如，有大表情眼睛或大嘴巴的木頭湯匙、花朵、絨毛或薄紗材質的碎片、棍子上的星星，可以代表閃電或具有神奇實現願望的道具）。

然而，治療師不受限於可用的布偶，因為遊戲室裡的玩具可以輕易地融入布偶遊戲中。有時候真實人物和動物的小物件可以包含在內，因為兒童們會「打破界線」從舞台到遊戲室去找一些他們想要的東西，以便完成他們的幻想作品（像案例中所描繪）。

儘管購買種類如此廣泛的布偶可能非常昂貴，經驗顯示，一開始的成本相當值得投資。布偶不像藝術材料會被消耗掉且需要更換，布偶的壽命甚至可能超過治療師！象徵壞媽媽（巫婆）和壞爸爸（魔鬼）的布偶可能除外，意思是指，它們的保存期限較短（因為它們經常被粗暴對待）。尋找一些非尋常的、精心製作的布偶也是非常重要，不要只買一些毛茸茸、

輪廓不清楚，且每一個的樣子都跟其他有些相像的布偶。兒童和大人們一樣會被新穎和有品質的東西吸引。

》自製的布偶

　　幸好，治療師不需要只依賴現成的布偶或玩具，因為製作布偶來符合立即性的目的很容易。藝術媒材像是紙盤子、冰棒棍、保麗龍球或杯子、紙板、紗、珠子，或任何手邊的東西都可以用來裝飾出兒童想像出來的東西（像是稍後會提到泰咪故事裡的「淚珠細菌」）。

》舞台的使用

　　一個小舞台不僅對布偶遊戲，且對其他戲劇性的遊戲活動都有幫助。舉例來說，一種很受歡迎的舞台，像是社區玩物（Community Playthings）公司所設計那種多功能的，可以被用來當教室、商店、洞穴、躲貓貓、監獄，或是有怪異東西且「晚上會發出聲響」的酷刑地窖。但是，如果沒有舞台可用，可以做一個可拆卸的紙板「劇院」，或是可以提供某種空間假象的東西，以利區隔演員和觀眾。假如這個故事帶有強制味道，兒童就會找到自在的方式去演出。儘管視野是全面性的，心理距離能讓這個兒童假裝他（她）自己不會被看見——一個很棒的「願意終止懷疑」（willing suspension of disbelief）的例子。例如，參與親子治療的哥哥和妹妹躲在沙發後面演出他們的故事；另一個小孩用了椅子；還有其他的小孩則蹲伏在沙箱或桌子的後面，盡力展現即興表演。治療師的幫助來自於當「觀眾」，維持這個假象，持續地觀看，之後再進行談話。

》使用半結構式訪談

　　與兒童工作其中的第一個步驟是幫助他們感到自在，因為焦慮的兒童無法演出。一般使用的「遊戲訊號」（Piers, 1972）通常有幫助：「我們來編一個布偶故事，挑一些你想要玩的布偶。」接著讓布偶散落在地板上，治療師可以觀看選擇的過程，有時候可以坐在兒童旁邊的地板上

（Irwin, 1983）。當兒童選完之後，將剩餘的布偶收起來，然後協助兒童
找一個自在的遊戲空間。重要的是，要記得這是一個即興的遊戲，所以沒
有硬性的規定。最主要的想法是協助兒童說一個「編造的」故事——不是
從書上或電影、電視節目或電玩遊戲裡面看到的故事。

　　Richard Gardner（1971）寫了一個有趣的說故事技巧，我常改編用於
布偶遊戲。Gardner 使用電視節目的模式，宣布這個兒童的名字（例如：
「史提芬大師」）為這個電視節目的說故事者。這個很有幫助的「暖身」
技術對於很難有想像力的焦慮小孩非常有用。

　　運用「誰、什麼、在哪裡，以及什麼時候」的形式，治療師可以建議
這個兒童找一個自在的空間，然後一一介紹這些角色。如果這個兒童顯得
有一點點害羞或緊張，治療師就可以簡短的對這個布偶說話，要求假裝提
供一些有關布偶的訊息，以協助這個兒童進入遊戲的氛圍。

　　在這些角色都介紹完之後，治療師就可以問這個故事可能在哪裡發
生，接著宣布故事即將開始。假如這個小孩有點遲疑，治療師可以從旁協
助他進入這個表演：「然後現在巫婆太太要出來見你了。早安，巫婆太
太！妳今天過得如何？」——根據兒童的需求斟酌給予協助的量。然而，
大部分的兒童們都很熟悉布偶，很少會需要額外的協助。

　　從某方面來說，布偶遊戲像是醒著的白日夢。就像是有夢境的一個外
顯部分，接下來是詳細闡述潛在意義的「夢的工作」；同樣地，有一個起
初的布偶故事（外顯的材料），然後是「布偶工作」有助於擴大兒童的
幻想。就像夢工作一樣，治療師作紀錄以捕捉重要的訊息片段，而當直覺
的理解增加時，精確記錄的需求就會減少。

　　了解故事的意義最重要的是角色的名字、情節的要點、對話裡的關鍵
部分（那些「誰」、「什麼」、「哪裡」和「什麼時候」），以及演出的
名稱。一旦故事結束之後，治療師可以要求各種不同的角色「出來」，然
後「訪問它」；這個活動可以協助治療師了解這個故事裡的「原因」。假
裝鉛筆是一支麥克風，治療師直接和布偶說話（不是對著兒童），然後問
一些問題來澄清困惑，或者提供解釋去增強意義。舉例來說，治療師可能

會說：「湯米，這個警察可以出來嗎？我想要跟他說話。『你好！警察先生！哇，你確實非常努力工作！你可以多告訴我一點關於你如何知道這個高個子的人是有罪的呢？』」等等。

一旦核心的演員訪問完了，治療師可以詢問關於（深入一點的）自己和其他身分的議題，例如：「湯米，如果你可以當這個故事裡的任何一個人時，你比較想要當誰呢？……還有，有沒有誰是你不想要當的呢？」治療師也可以問這個故事可以有什麼標題，以及從這個故事裡學習到什麼「寓意」或教訓，舉例來說：「如果其他的小孩子正在看這個表演，他們會學到什麼……他們對於這個故事的主要想法會是什麼呢？」

大部分的兒童可以用這種安全的結構和好玩的起頭方式來說故事。有些作者（Hawkey, 1951）提到，焦慮的兒童偶爾也會要求治療師說故事。如果發生這種情況，治療師就可以要求這個兒童選擇角色，建議開始的場景，然後根據對這個兒童的了解去編造一個故事。Gardner 的相互說故事技巧（1971）在這方面也很有啟發性，因為他要求兒童說一個故事，然後再把這個故事說回去給他聽（多多少少），但是要對衝突有一個比較健康的解決方式的說法。

》學齡前兒童的布偶故事

幼兒（四到六歲）很容易參與布偶故事，儘管有時候他們的故事可能經常重複且缺乏連貫性，但能反映出他們介於內在現實與外在現實之間的過渡階段。Gould（1972）寫下關於這個階段，稱它為「起伏的不確定性」，表示兒童對於真實／非真實有不確定性。當兒童開心的表達關於他們內在生活的幻想時，他們不受現實的束縛，而是演出他們的想法與害怕。他們的主題經常都是集中在身體的完整性、嬰兒、演出死亡、受傷、動手術、救火，還有壞人。如果是試圖管理他們的攻擊性，他們的故事就會圍繞著暴力、危險的主題——咬和抓，大便和小便，攻擊和反擊，狼吞虎嚥的動物，以及可以殺人、火力很強的槍。當然，如果這個遊戲太可怕了，遊戲可能會發生中斷，意味著對有關真實／非真實的焦慮已經受到侵

犯了，就像以下的例子。

●● 比利：相較於超級英雄的大，害怕他的渺小

遊戲可作為對抗內在焦慮的一種防衛作用，但是對於四歲的比利就不是那麼一回事，他經常處在一種持續焦慮的狀態。當比利演出一個關於超級英雄殺了壞人的劇情時，他突然離開這個遊戲區，將他褲子的拉鍊拉開，拉出他的陰莖，接著說：「想要看我的小雞雞嗎？它很『大』！」因為還沒有發展出潛抑（repression）的防衛，比利無法停留在故事中的象徵性上面。演出一個強大超級英雄的主題似乎激發了渺小和無能的害怕感覺。當經驗到遊戲焦慮時，他似乎想要再保證和確認他自己的男性氣概和力量。

我告訴比利他的雞雞沒有問題，剛剛好適合他的年齡。而且隨著時間過去，當他長大一點的時候，他的雞雞就會變得更大，一直到有一天它會非常大，就像爸爸的一樣。但是現在，最好回到這個故事裡，然後我們就可以來談一談更多關於超級英雄和小人物的故事。

因為像比利這樣的兒童們還沒有發展出潛抑防衛，他們通常沒有辦法讓潛意識的想法和感覺不受到意識的覺察，因此需要一些協助。

●● 與脆弱兒童的布偶遊戲中發現受虐證據，進而揭露秘密

因為布偶遊戲的行動喚起了尚未被潛抑或壓抑的強大活躍記憶，兒童們有時候會演出創傷經驗的情節。芭比的布偶遊戲描繪了當小女孩在睡覺的時候離開屋子的「女巫媽咪」。然後艾爾文（媽咪的情夫）進到這個小女孩的房間並且「刺她」。在故事的這個重點出現的時候，芭比就跳起來，停止了遊戲，然後她說她需要去廁所。她讓浴室的隔門開著，她小便完之後盯著馬桶看。當我問她她會看到什麼的時候，她說她覺得她看到了血，因為那就是當艾爾文「刺」她的時候所發生的事情。

固然大多數布偶故事並沒有打開類似這樣一個令人害怕的潘朵拉盒子，我們還是會回想到 Terr（1994）關於創傷的研究，研究中提到和過去

經驗相關的連結會突然激發了記憶，使得隱藏的創傷被回想起來。芭比似乎是產生了這樣的一個連結，當然是在一個有療效和安全的遊戲室裡面與一個可信任的人共處之下方能產生。

● 布偶遊戲與潛伏期兒童

在潛伏期（六到十二歲的年紀），兒童在戲劇性的遊戲裡面充滿了幻想，通常伴隨著精心編製的複雜情節。他們也比較可能使用舞台，而其故事常常建構出複雜的情節，有開始、中間和結束，而且帶有某種「寓意」。也許和布偶一起「放手」的邀請，感覺像是擺脫了學校導向的慣常事務，因遊戲室提供了一個可控性退化的機會。潛伏期兒童是很理想的演員，因為他們有更大的衝動控制、延遲滿足的能力，還有豐富的幻想、優越的語言技巧，以及對幽默（儘管經常是前性器期、浴室類型的退化）的一種欣賞力。

● 八歲的泰咪，因厭食被轉介

一頭金色頭髮、瘦小的泰咪有一張消瘦、退縮和悲傷的外表。她的父母轉介她來接受治療，因為在他們離婚之後她就停止進食。泰咪的第一個布偶故事是關於伊莎貝爾公主、國王和皇后。這一對皇室配偶吵得很凶，但是會彼此親吻，然後和好，接著每個人就會吃一頓大餐。但是哎呀，伊莎貝爾公主沒有辦法進食了，因為到處都有會置人於死的可怕細菌。伊莎貝爾的父母非常生氣，所以就把伊莎貝爾關進城堡的牢房裡面了。

泰咪在這個點上（焦慮？）中斷了表演，並且詢問她可以用什麼當作細菌。當我想弄明白她的想法時，她決定要在一個紙盤子上畫一個彩色的「淚珠細菌」手偶，手偶背後黏著一根冰棒棍。當再回到故事的時候，她對著仍然在吃美食的國王和王后揮舞著這些細菌，但是從她的牢房裡她是唯一能夠看到這些危險細菌的人。每一個人都正在享受美食，但是在牢房裡的公主輕輕的說：「你們快要死了，這些細菌會使你們生病！」因為她的治療單元快結束了，我們很小心的將「細菌手偶」包在一張衛生紙

裡，把它們放進一個鞋盒，然後將它們安全的「藏」在高高的架子上，直到她下一次的治療單元。當她下一次回來的時候，她演出了「第二幕」。這個皇后去牢房看伊莎貝爾，給她一些「好吃的食物」（也就是盤子上的沙）。因為伊莎貝爾已經非常飢餓，所以她吃下了這些食物，但是接著這個細菌就飛出來，使得她生病——然後突然間，這個「淚珠細菌」就將她殺死了！王后非常傷心，但是接著她說：「喔，好吧！現在這些細菌不見了！」

因為泰咪堅持要將公主埋葬，我們就做了一個「棺材」（一個面紙盒）給她，然後將她埋在一個沙箱裡。當這個王室家族來看這個墳墓（沙箱）的時候，泰咪揮舞著細菌，然後用鬼魂的聲音小聲的說：「吃掉這些美好的食物（也就是沙子）！」因為國王跟王后非常飢餓，他們就吃下了這些沙子「食物」，然後他們也死了。

這個故事的變化以藝術的型態交替出現，而且慢慢地，泰咪變得比較不那麼憂鬱，而且能夠談到關於她對媽媽的生氣，怪罪她是離婚的主因（「每次都是媽媽開始的！」）。她會做（而且還吃了！）義大利麵讓她的父親很驚訝，她說這是她從一個電視節目裡學到的食譜。

這個例子描繪了許多潛伏期遊戲的創造力，但是也強調跟隨兒童的主導和促進遊戲的重要性，不論是用布偶、沙遊或藝術媒材。

● 青少年期：轉向現實

青少年通常以講故事來處理他們當前的問題——學校、性活動、飲酒，或與他們的父母或朋友吵架。當他們回應使用布偶的邀請時，他們即興演出故事——但都聚焦在那時候以及那裡發生的事。布偶故事通常都能夠藉由討論關於人際衝突而刺激出來，畢竟，它是戲劇演出的核心。當一個青少年開始敘述跟其他人的衝突和爭鬥時，治療師就可以說：「演出來讓我知道發生什麼事——不是告訴我。你挑選一些布偶，然後讓我們來看看發生了什麼事情。」

● 吉米：學校問題與藉著大麻逃避

　　吉米風度翩翩且很受歡迎，似乎受到每個人的喜愛，但是他經常與他的父母爭吵，他的父母總是督促他們的獨子在學業上要有良好表現。在他的第一個單元裡，吉米談到很幸運，很容易擺脫困境，而且他提到除了修理廠之外，他不在意學校課業或他那些很蹩腳的老師們。他說在上課之前和他的朋友們抽一些大麻也沒什麼大不了的。「嘿！它可以幫助我度過一整天！」

　　然而在他的第二次單元時，他的態度很嚴肅。他說有麻煩了，他和他的父母大吵一架。學校打電話跟他的父母說他在過去的六個禮拜之內遲到八次。他說，他們氣得「把書丟向他」。

　　在聽到這裡的時候，我說：「好吧，讓我們來聽聽這場爭吵。你挑選可當作父母的布偶，以及當你自己的布偶。」吉米笑得很燦爛，他挑了一個老男人（一個「無賴」的布偶）、一個女巫，和一個王子的人物代表他自己。這個故事以這個無賴的父親和學校的通話開始，接著轉身對著王子，這個生氣的父親想要知道為什麼王子總是遲到。王子用一種漫不經心的態度說，學校不一定是對的，而且學校總是搞錯，他們一定把他跟其他人搞混了。

　　當女巫加入時，這場戰鬥真的很激烈。爭吵聲越來越大且這個無賴的老人越來越生氣，他堅持王子說謊。這個父親說，處罰就是不能用手機，沒有零用錢，週六也不能去見珍妮（他的女朋友）……然後突然就聽到大聲叫囂，故事就停止了。吉米的臉變得像是鬥敗的公雞，他把無賴和女巫布偶丟到地板上，說：「你相信嗎？他們真的說我不能見珍妮！那些混蛋！」

　　這個戲劇就結束了。討論變得很嚴肅，對處罰、對討厭的學校、對因課業太難而需要抽大麻，他感覺無法完成工作，也許他只能當一個汽車修理工。

　　這是我們的單元裡的一個新的轉變。吉米似乎是一個聰明的孩子——

口才好，思考敏銳，具有很好的天賦。然而當我說到這些時，他從他的背包裡拿出了一些文件然後把它們推向我。令我吃驚的是，這些皺皺的、一片紅字的英文考卷上的拼字成績很差，而他的手寫字甚至更糟；我突然想到這個既迷人又風趣的孩子或許有一個沒有被診斷出來的學習問題。以前他憑藉著良好的天賦順利通過，但是到了十年級他再也無法用他的方式偽裝下去了。

經過討論之後，我們進行了一個家庭會議以及學校會議，我們為他安排了一個 ADD（注意力不足型）測驗的計畫，因為他確實有明顯的學習問題。測驗是吉米轉變的開始。

總結

布偶提供全年齡兒童一個安全的方式去傳達幻想、想法和感覺。它們在協助診斷和處遇，以及建立治療同盟上很有幫助。有創意且受良好訓練的治療師，運用一系列美觀有趣的布偶去催化遊戲，可以進一步協助兒童去發現他們自己的聲音，進而創造出有意義、有療效的改變。

參考文獻

Erikson, E. H. (1950). *Childhood and society*. New York: Norton.

Freud, S. (1955). Beyond the pleasure principle. In J. Strachey (Ed. and Trans.), *The standard edition of the complete works of Freud* (Vol. 18, pp. 1–68). London: Hogarth. (Original work published in 1920).

Gardner, R. (1971). *Therapeutic communication with children: The mutual storytelling technique*. New York: Science House, Inc.

Gould, R. (1972). *Child studies through fantasy: Cognitive-affective patterns in development*. New York: Quadrangle Press, 77–84.

Hawkey, L. (1951). The use of puppets in child psychotherapy. *British Journal of Medical Psychology*, 24, 206–214. In C. Schaefer (Ed.), *Therapeutic use of child's play* (pp. 359–372). New York: Jason Aronson.

Irwin, E. (1983). The diagnostic and therapeutic use of pretend play. In C. Schaefer & K. O'Connor (Eds.), *Handbook of play therapy* (pp. 148–173). New York: John Wiley & Sons.

Piaget, J. (1962). *Play, dreams and imitation in childhood*. New York: Norton.

Piers, M. (Ed.). (1972). *Play and development*. New York: Norton.

Sandler, J., & Rosenblatt, B. (1962). The concept of the representational world. *Psychoanalytic Study of the Child, 17*, 128–145.

Sarnoff, C. (1976). *Latency*. New York: Jason Aronson.

Schafer, R. (2003). *Bad feelings: Selected psychoanalytic essays*. New York: Other Press.

Schore, A. (1994). *Affect regulation and the origin of the self: The Neurobiology of emotional development*. Hillsdale, NJ: Erlbaum.

Terr, L. (1994). *Unchained memories: True stories of traumatic memories, lost and found*. New York: Basic Books.

Waelder, R. (1933). The psychoanalytic theory of play. *Psychoanalytic Quarterly, 2*, 208–224.

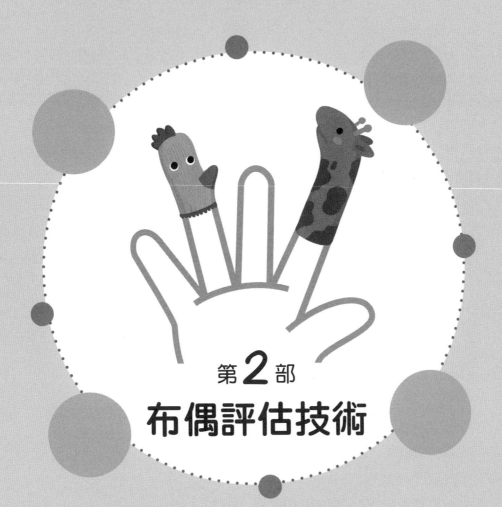

第**2**部
布偶評估技術

第 3 章
伯克利布偶訪談
兒童評估法

✳

Jeffrey Measelle、Jennifer C. Ablow

美國聯邦和州政策規定,健康和教育機構要偵測、治療並追蹤有心理健康問題和(或)社會情緒需求的幼童。例如,《身心障礙者教育法案》(IDEA)的 C 部分(Oser & Cohen, 2003)、啟蒙方案(Head Start)的要求(Currie & Neidell, 2007)、《2020 健康國民白皮書》(Healthy People 2020)(Kindig, Asada, & Booske, 2008)等,每個都特別指出,必須辨認出高風險兒童以讓他們盡早接受實證本位的服務。據估計,儘管有 25% 的幼童有精神障礙或行為障礙,且 60% 剛上小學的學童需要介入,但 80% 的幼童卻沒有接受能夠預防或減少代價頗高的長期問題之服務(Costello & Angold, 2016)。造成這類問題的原因有很多,例如,我們對精神病理學前因的理解不足一直妨礙著我們在幼童身上精確偵測到各種症狀和損害,尤其是某些損害的形式出現的頻率不高或性質複雜,所以一直到心理健康方面出現更嚴重的問題時才能偵測到這些損害(Kazdin, 2017)。

大家都同意,缺乏可以用來篩選、診斷並追蹤幼童健康、心理健康和社會情緒狀況的可靠心理測驗工具,是一個嚴重的公共衛生問題。針對這個問題的文獻回顧指出,缺乏幼童可用來自我陳述的工具是一個

必須補救的嚴重議題（Luby, 2006; Paynter, 2015; Ialongo, Edelsohn, & Kellan, 2001）。在幼童的情況裡，父母一般都被當作「知情甚多的資訊提供者」，儘管證據指出，他們陳述事情時存在著偏見而且所敘述的事與其他成人所提供的資訊差異甚大（Hinshaw, Han, Erhart, & Huber, 1992; Luby et al., 2002）。最嚴重的問題是，父母和老師經常沒有偵測到幼童更為內化的社會情緒困擾（Ablow et al., 1999; Whalen, Sylvester, & Luby, 2017）。缺乏適齡的工具意味著，幼童主觀評估自己的需求一直都沒有在具科學性、健康，或教育的情境中獲得經常性的評估。在我們自己的研究中，我們已指出這是偵測不足的一個根本原因（Ablow & Measelle, 1993; Measelle, Ablow, Cowan, & Cowan, 1998）。

從幼童身上誘導出可靠的自我陳述又因為各種發展上的因素而變得更加複雜，例如幼童集中注意力的時間較短以及比較不成熟的表達技巧等（請參考 Measelle et al., 1998 中之文獻回顧）。對幼童而言不有趣以及不吸引他們的方法，或那些只單獨依賴兒童口語能力的方法，對幼童不太可能有效，尤其是對於那些壓抑型兒童或語言能力發展遲緩的兒童而言。此外，向陌生人（即成人訪談者）透露訊息所造成的有意識到或沒意識到的焦慮，都可能妨礙一些兒童透露出相關的資訊。然而研究顯示，幼童能得益於使用適齡的道具，像是布偶、繪畫和其他視覺輔助工具，來幫助他們談起自己和自己的經驗（Greenspan & Greenspan, 1991; Irwin, 1985; Valla, Bergeron, & Smolla, 2000）。先前有研究指出，甚至在討論如死亡（Bernhart & Prager, 1985）、悲傷（Irwin, 1985; O'Conner, Schaefer, & Braverman, 2015），或攻擊行為（Bender & Woltman, 1937）這類敏感話題的時候，布偶特別能吸引有各種不同臨床和社會經濟背景的四到八歲兒童的注意力。簡而言之，當兒童從事更適齡性的活動時，他們更可能坦率地去談自己的經驗（Ceci & Bruck, 1993）。

伯克利布偶訪談（BPI）

··

建基於在臨床環境中使用布偶的豐富傳統，「伯克利布偶訪談」（Berkeley Puppet Interview, BPI）的發展是為了面對一個問題，就是缺乏標準化的方式去適當量測幼童對自己及其人際環境的知覺（Ablow & Measelle, 1993）。BPI 使用一種互動的技巧來訪談兒童，將結構性和半結構性的訪談方法和鼓勵兒童的訪談技巧混合在一起（見圖 3.1）。在實際的 BPI 訪談中，兩個長得一模一樣的手偶（分別名為 Iggy 和 Ziggy 的小狗布偶）對自己做出相反的陳述，然後要求兒童描述他們自己。例如：

Iggy ：我有很多朋友。

Ziggy ：我沒有很多朋友。

Iggy ：你呢？

或

圖 3.1　對六歲男孩典型的 BPI 訪談安排

（攝影：Jennifer Ablow）

　　Ziggy：我的父母常常吵架。

　　Iggy　：我的父母很少吵架。

　　Ziggy：你的父母呢？

　　由於不使用強迫性選擇或再認任務（recognition-task）回應的形式，
BPI 能讓兒童以對他們而言最自然和最舒服的方式去回答，目的在於促進
孩童與布偶之間進行流暢和不自覺的對話（見圖 3.2）。大多數接受 BPI
訪談的孩童以口語回應，即描述自己或指出哪一隻布偶最像他們。而有些
孩童則只給出有限的口語回應，例如只說出其中一隻布偶的名字，或使用
非口語的方式回應，例如只用手指其中一隻布偶。為了網羅幼童各種回應
的個別差異，BPI 使用一套廣泛、有規則的編碼系統。無論孩童的回答是
用口語或非口語的方式、詳盡的回答或有限的回答，BPI 編碼系統提供編
碼者所需的各種參數，以了解四到八歲兒童對訪談題目做出的各種回答。
特別是，我們已發展出一些指南以幫助編碼者去破解各種修辭手法、思考
過程，以及因為對某個議題缺乏經驗而做出的有條件回應，而且這些回應
反映出兒童的自我知覺是模糊不清或不確定的。簡而言之，藉由允許兒童
以他們自己特有的方式去做出回應，BPI 的其中一項重要成就是它能夠促

圖 3.2　對四歲女孩典型的 BPI 訪談安排

（攝影：Jennifer Ablow）

進兒童與布偶之間對各種話題進行流暢和不自覺的對話。

　　表 3.1 簡要列出我們所認為 BPI 的互動性和適齡性的核心特徵。確切地說，表 3.1 列出的是執行 BPI 時所需的必備素材及建議素材，而且是將 BPI 當作發展標準化應用的方法來使用，此外還列出其互動特色，也就是布偶如何與兒童互動以獲得綜合性和可評分的回應。

表 3.1　現場 BPI 之適齡性特色

內容領域	特色
素材	• 兩個一模一樣、沒有性別的手偶（小狗）分別名為 Iggy 和 Ziggy（I 和 Z）。 • 布偶的嘴巴可移動。 • 布偶沒有特別突出的特徵，但要有讓人想擁抱它／吸引人的特色（例如：下垂的耳朵）以增加兒童的參與度和動機。 • 不需要其他道具（例如：舞台、桌子、椅子等）。
任務結構、要求、題目用詞	• 清楚、簡單的任務前言以確保記錄的精確性。 • 不具挑戰性、有事實根據的練習題目，以確保兒童能夠理解並提供符合期望的真實自我陳述。 • 兩隻布偶對自己提供相反的陳述；降低社會期許式回應出現的機率。 • 基於行為或情境的話題提供一些能增加精確性的提取線索。（憂鬱症：「我在學校經常／不常哭。」） • 症狀／問題和優勢／能力題目。 • 非強迫性選擇或根據李克特量表（Likert-based）的回應；孩童針對「你呢？」這個問題做回答，布偶則設定其程度。（「你很常／不常這麼做嗎？」） • 開放性的接話可以幫助釐清情況或提供詳細資訊，也可以穿插於過程當中以維持兒童的參與度。 • 模組化、客製化的內容：研究人員可從已建立的心理量測主題庫中選擇相關的問題領域。 • 建議訪談流程長度為：10～25 分鐘。

表3.1 現場 BPI 之適齡性特色（續）

內容領域	特色
孩童回應方式	• 口語回應。 • 非口語回應（用手去指／用手碰觸對應的布偶）。 • 多樣的回應方式（例如：開始為非口語回應，後轉為口語回應）。 • 布偶可以重複陳述一句話以幫助孩童理解。 • 布偶的認可確保精確的評分。（「是耶，這也像我一樣，我是一個悲傷的小孩。」）
社會／互動特徵	• 布偶被呈現為對孩童感興趣的同齡夥伴。（「我們想認識你！」） • 附隨的口語和非口語行為表達布偶的興趣、參與度，與回應孩童的能力。 • 布偶能夠偵測孩童的專注程度並依此做調整。 • 布偶能夠偵測孩童的情感並依此做調整。 • 布偶能夠偵測孩童的語言能力並依此做調整。

　　BPI 原本是要發展成一個含有兩部分的訪談（Ablow & Measelle, 1993），第一個部分針對的是孩童對自己的學業能力、社交能力、情緒健康，包括憂鬱、焦慮和攻擊性等情緒的知覺（Measelle et al., 1998 中有描述）。第二部分則針對孩童對其家庭環境的知覺，特別是孩童對父母之間關係動力的評價（例如：充滿衝突、感情很好）以及孩童對自己與父母和兄弟姊妹之間關係的知覺（在 Ablow, Measelle, Cowan, & Cowan, 2009 中有部分描述）。

　　然而，我們後來刻意將 BPI 設計成一套方法，而不只是一次性的訪談或一套有限的內容範圍。確實，從發展這套方法開始，我們的目標一直都是與科學家和治療師們合作，以發展出各種內容範圍並證實其有效性。因此，我們視 BPI 為一種適齡的方法，它採用模組化的方法去評估

孩童。直到今天，我們已發展出許多領域的各種題目和量尺，並且不斷加以改善。圖 3.3 和 3.4 為這些內容領域範圍的總結。特別要提的是，圖 3.3 呈現的是「自我」這個範圍，而圖 3.4 評估的是孩童對家庭內的關係之評價。

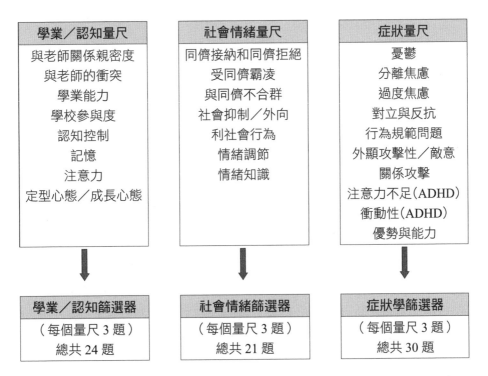

學業／認知量尺	社會情緒量尺	症狀量尺
與老師關係親密度 與老師的衝突 學業能力 學校參與度 認知控制 記憶 注意力 定型心態／成長心態	同儕接納和同儕拒絕 受同儕霸凌 與同儕不合群 社會抑制／外向 利社會行為 情緒調節 情緒知識	憂鬱 分離焦慮 過度焦慮 對立與反抗 行為規範問題 外顯攻擊性／敵意 關係攻擊 注意力不足(ADHD) 衝動性(ADHD) 優勢與能力
學業／認知篩選器 （每個量尺 3 題） 總共 24 題	社會情緒篩選器 （每個量尺 3 題） 總共 21 題	症狀學篩選器 （每個量尺 3 題） 總共 30 題

註：在此沒有呈現 BPI 家庭領域和伴隨的子量尺。這個領域包含孩童的多尺度評估孩童與父母和兄弟姊妹的關係，以及孩童對其父母的婚姻關係之知覺。

圖 3.3　BPI 自我領域、子量尺和相關篩選器

父母量尺 [1]	手足量尺	婚姻關係量尺
正向情感	正向情感	衝突
負向情感	負向情感	因衝突而自責
回應性	衝突與競爭	衝突強度
情緒可得性	分享／不分享	對衝突感到困擾
結構／設限	環境	孩子涉入
自主性／控制		知覺到的情感
		知覺到的威脅
		知覺到的解決方案

[1] 父母量尺是為父親和母親兩人設計的，如果這區分不重要的話，也有「雙親」的題目。

圖 3.4　BPI 家庭環境領域和子量尺

BPI 作為評估工具之科學和臨床效用的證據

　　BPI 強烈挑戰四到八歲兒童無法提供關於自己的寶貴資訊這種看法。自從發表了第一批科學報告（Ablow & Measelle, 1993; Measelle et al., 1998; Measelle, John, Ablow, Cowan, & Cowan, 2005）以來，種種對 BPI 的研究都提出重複的證據指出以下事實：孩童可能是他們自己內心困擾的最佳資訊提供者（Luby, 2006; Ringoot et al., 2013）；早期介入能夠使孩童的自我評價發生改變，而且這些改變的自我評價又能幫助推動行為改變（Cowan, Cowan, Ablow, Johnson, & Measelle, 2005）；幼童對自己之特質所做的自我陳述預測出五年和十年後的實際結果（John, Measelle, Ablow, Cowan, & Cowan, In press）。科學文獻回顧已確認，在兒童評估這個領域中 BPI 可作為一種標準（Briggs-Gowan & Carter, 2008; Luby, 2006; Shiner & Caspi, 2003; Nilsson et al., 2015; Navsaria & Luby, 2015）。此外，BPI 有理論基礎且被證實非常有效的題目／量尺／領域以及篩選器已經使得它在多種情境中發揮效用，被翻譯成超過八種不同的

語言，並成功實施在各種不同的社會經濟、臨床和文化背景的孩童身上（Ringoot et al., 2017; Göttken, White, Klein, & von Klitzing, 2014; Prosic-Santovac, 2016; Heberle & Carter, 2015; Rijlaarsdam et al., 2016; Almqvist & Almqvist, 2015）。

　　大量研究指出，BPI 是一種可靠且有效的方法，可評測孩童對自我的知覺，包括他們對自己所觀察到的關係，以及他們涉身於其中的關係的知覺。在訪談過程中，孩童能理解被問的問題，會變得不自覺地與布偶進行對話，並給出有區別且前後一致的回答。這些研究中的一項重要發現是，與一對大人組提供的資訊之一致性相比，四到八歲孩童所提的資訊一致性即使沒有比大人組強，也至少和大人組不相上下。例如，孩童們對自己的憂鬱—焦慮心情的陳述與老師們對孩童的內化行為之評定，其一致性超過老師們和母親們所提供的資訊之一致性（Measelle et al., 1998）。同樣地，孩童—老師組評定孩童之反社會行為，其一致的程度大於老師—父母組之評定結果。在陳述父母的婚姻動態方面，孩童對婚姻衝突或解決衝突的困難的 BPI 報告結果，和夫妻雙方對彼此這方面行為的報告相比較，孩童的報告與受過專業臨床訓練的觀察者所做出的報告有更強的一致性（Ablow et al., 2009）。這些資料非常重要，因為在嘗試發現孩童的情緒和行為問題，或描述幼童的家庭環境裡有哪些面向會對孩童造成困擾時，業內都傾向於認為孩童的知覺／報告比較不可靠，而只依賴成人的資訊。

　　在臨床方面，BPI 也已經被當作有用的評估工具和協助幼童治療過程的一種資源。作為一種方法，BPI 幫助提供特定的問話套件。然而，熟練的訪談者亦可使用開放性的接話來探索孩童的回答。在研究方面，重點通常放在於合理的時間內（這既反映出孩童的專注能力，亦反映出可以用來執行 BPI 的時間，因為這通常是一個密集蒐集資訊的程序）提出幾套事先決定好的訪談題目。然而，臨床工作提供訪談者比較大的自由，使他們可以針對孩童所做的特定陳述進行追蹤。為了說明 BPI 作為臨床評估和治療工具的效用，以下案例特別強調這個方法的半結構和開放式特徵。

案例說明 1

在對一位七歲男童所進行的一次訪談中，這個孩童被問到：

Iggy ：當我的父母吵架時，我不覺得會有不好的事發生。

Ziggy：當我的父母吵架時，我覺得會有不好的事發生。

Iggy ：你覺得呢？

孩童：我的父母吵架時，我覺得會有不好的事發生。因為我的父母
吵架時，我爸爸會很生氣，而且他總是會對我們的身體做一
些事情。

Ziggy：噢，我明白了。例如像什麼呢？你爸爸會做些什麼？

孩童：他生氣的時候，他會擰我們的手臂或他會抓我媽媽的嘴巴，
像這樣（示範動作），讓她不能說他不想讓她說的話。

Iggy ：這聽起來好難過喲。

孩童：是啊！

在一個更大的訪談範圍裡，即包含額外評估婚姻動態的題目時，訪談
者先巧妙地肯定孩童（「噢，我明白了」），然後再趁這個機會用布偶進
一步試探。但訪談者的試探不需要超過原本應該接的答話，並且要體認到
訪談仍在進行當中，在訪談過程中或之後很可能還有其他機會去進一步探
索家庭中是否有身體虐待或家暴方面的問題。

案例說明 2

在一次用中等階級家庭作為樣品的大型介入研究裡，對一位四歲半
的女孩進行了一次完整的 BPI 訪談，這位小女孩在滿三歲之後就不再說
話，根據其父母的說法，她不喜歡聽到自己的聲音。在進行了標準的前
言並詢問幾個設計的練習問題來讓孩童說話並表示她理解需要做的任務之
後，訪談者決定讓孩子用非口語的方式去回答。

Ziggy：如果妳不想用說話來告訴我們關於妳的事，這也沒關係的。

Iggy ：沒錯，這沒關係的。如果妳喜歡我的話，妳可以用手指我，或如果妳喜歡 Ziggy 的話，妳可以用手指他。

Ziggy：或，如果妳喜歡的話，也可以拍拍我們的頭。妳自己決定。好嗎？

孩童 ：（點頭表示同意。）

接著，這位孩童以非口語的方式完成了一場 20 分鐘的訪談，她用手指布偶，或拍她同意的那個布偶的頭，或用點頭或搖頭的方式回答。如果訪談者不確定自己是否明白孩童非口語方式的回答，他很容易透過布偶來釐清並獲得答案。

Ziggy：噢，很抱歉。妳可以再說一次嗎？妳大部分時間是一個悲傷的小孩嗎？

Iggy ：或者，妳大部分時間不是一個悲傷的小孩？

孩童 ：（拍拍 Ziggy 的頭。）

Ziggy：噢，我明白了。在大部分的時間裡，妳是一個悲傷的小孩。就像我一樣。

孩童 ：（點頭表示同意。）

● 案例說明 3

孩童與布偶互動並理解他被問的問題的一個最佳指標是，孩童對剛剛做出一個負面陳述的布偶提供安慰的陳述。常常，這些時刻讓訪談者有機會去探查孩子在接下來立即要問的題目之外的想法。在下面的例子裡，一位五歲男孩對布偶們的陳述做出以下的回應：

Iggy ：在學校裡，當其他小孩在玩的時候，我會去問他們我可不可以一起玩。

Ziggy：在學校裡，當其他小孩在玩的時候，我不會去問他們我可不

可以一起玩。

Iggy ：你呢？

孩童 ：Ziggy，你應該去問他們可不可以一起玩，這樣你就不會這麼
　　　　孤單了。

Ziggy：唔，我明白了。可是你會怎麼做？你會去問他們可不可以一
　　　　起玩還是不會去問他們？

孩童 ：我會去問他們，我可不可以跟他們一起玩。

Iggy ：你怎麼問他們的呢？

孩童 ：我就直接走向一個我認識的人，然後問他我可不可以也一起
　　　　玩。他們都會說「好啊」。如果我不認識他們，我會問一個
　　　　看起來友善的小孩，問他我可不可以跟他一起玩。

Ziggy：好的，我們現在明白了。謝謝！

不同類型的孩童

大部分的孩童都能在不太困難的情況下完成 BPI 訪談，包括那些被
認為需要進行社會情緒評估或行為評估的孩童。孩童們普遍喜歡跟 Iggy
和 Ziggy 說話的經驗，而且訪談要結束時常常顯得很失望。然而，在訪談
中，確實有些孩童會覺得疲倦、無聊、焦慮、激動或不合作。在這種情況
下，我們建議訪談者使用各種策略來給予孩童支持和鼓勵。短暫的休息偶
爾有幫助，但風險是在休息之後，這個孩童可能不願意再恢復訪談。對於
有困難行為和社會情緒需求的孩童，根據我們在許多高風險兒童身上使用
BPI 的豐富經驗，我們提出以下建議。

● 與孩童建立關係

在開始訪談過程之前，與孩童建立關係是一個重要目標。我們發現，
大致告訴孩童我們有兩位布偶朋友，他們對跟孩童見面很感興趣，而且他
們很興奮，很想告訴孩童一些關於他們自己的事，這一招很有用。我們建

議，在訪談者與孩童建立好關係之前，不要實際介紹（給孩童看）布偶。根據我們的經驗，在告訴孩童他們即將和布偶見面之後，建立關係並不需要花很長的時間。

● 訪談的語氣

非常重要的是，在訪談所有孩童時，訪談者必須使用一種不偏不倚且溫暖的語氣。而且應該使用同樣不偏不倚的語氣在每一個布偶身上，好讓孩童知道不論哪一個布偶，他們的陳述都是可以接受的。換句話說，在說正面陳述時語氣不可以比較輕快，而做負面陳述時語氣也不可以比較沮喪。此外，還要避免對受訪者使用過度卡通風格或不自然的語氣；這兩種語氣都很難在整個訪談中從頭維持到尾，而且孩童會覺得似乎不真實可靠。此外，訪談者應使用一種舒服和有節奏的步調，以確保問題有清楚地表達而且該孩童有明白被問的問題。例如，在一組正反面的問題之間應該有短暫間歇，以免將兩個陳述合併成一個很長的陳述來表達，而且也能清楚呈現給孩童知道，每一個布偶都提供不同的觀點。在問完一組問題之後，短暫間歇讓孩童可以做出完整的回答。重要的是，訪談者必須確定孩童已經完全表達了他的想法並準備好要繼續下一個問題。無論如何都要必須避免從一個問題很快地趕到下一個問題，而製造一種急急忙忙的氣氛。

● 有語言困難的孩童

如果孩童理解上有困難，只是重新問一個題目並不夠，以切開問題的方式再問一次題目，往往能增進孩子的理解。對於難以表達自己或以語言說出自己想法的孩童，在問「你呢？」之前，將問題切開來問也是一種有幫助的做法。一般原則是，將所問的題目切開來問，能夠讓有語言困難的孩童更容易以語言去表達陳述的核心。例如：

Ziggy：對我來說，長時間專心在某件事上很困難。

Iggy ：對我來說，長時間專心在某件事上不困難。

Ziggy：你呢？對你來說，長時間專心在某件事上……

Iggy ：困難或不困難？

一般而言，一旦發現某個孩童在理解上有困難或語言表達上有困難時，訪談者應該找到孩子最舒服的表達方式是什麼，並將這種方式加入提問的方式裡。目的在於利用提問的方法來適應對孩子而言最舒服的回答方式以幫助孩童回答，這也往往涉及使用切開問題來問的方式。

此外，有些時候，孩童的回答潛在暗示出這位孩童已經分心，或沒有完全理解一個問題。這時候，若訪談者用切開問題的方式能讓孩童更加容易回答也更能幫助他。

● 最能幫助孩童的一般考量

為了避免使孩童的自我意識變得更強烈，訪談者在給予孩童回應時應該避免做價值判斷（例如：「這很好」或「這太糟了」）。此外，訪談者應該要試著去肯定孩童的（正面或負面）回應，因為如果沒有做到這一點，會不小心增加某些孩童的自我意識。為了確認孩童的回應並表達訪談者的興趣和關注度，其中一個或兩個布偶應該總是用不偏不倚的陳述去肯定孩童的回應，例如：「噢，這就像我一樣」、「我也有這種感覺」，或甚至更簡單的「噢，我明白了」。為了避免聽起來很冗長，在整個訪談過程中都要使用各種不同但恰當的接話。訪談者心裡要想著剛剛問的問題，並使用搭配這個問題的接話來回應。舉例來說，如果所提的問題與其中一位家長有關（例如：「我媽媽喜歡跟我玩」／「我媽媽不喜歡跟我玩」），就可以用「我媽媽也是這樣」來接上孩子的回應。提出的問題與接話之間的一致性能使對話變得更自然。

● 外化行為

對於在 BPI 訪談過程中，以坐立不安、分心或甚至攻擊行為來表示他們的苦惱或不喜歡的孩童，訪談者可以結合各種策略來幫助他們。為了

幫助比較不專心的兒童，訪談者應該經常叫出孩子的名字並用一些先發制人的讚美來鼓勵孩子（例如：「你知道嗎？你跟我們講話，做得好棒！我們真的好高興認識你！」）。偶爾，和孩童協商也是有幫助或必要的做法，即以獎品（像貼紙或短暫的休息等）交換問幾個問題，以獎勵孩童專注於任務的行為。

　　如果在訪談當中孩童的行為真的變得很有問題（例如：對布偶做出攻擊行為），建議訪談者將布偶放下來並跟孩童談關於他的期望。在 BPI 方法裡，布偶就已經可以做很多有效的鼓勵和使孩童專注於任務的行為。然而，為了確保孩童繼續視布偶為有趣的同齡夥伴，在面對比較困難的孩童時，我們建議訪談者要恢復其治療師的責任，進行更多指導性或矯正性的介入。

● 內化行為

　　雖然這很少發生，但如果所提的問題似乎讓孩童感到沮喪的話，藉由承認孩童情緒上的困難並透過布偶表示同理（例如，Ziggy：「我也這麼覺得；那真的很難」）來提供支持和鼓勵會很有幫助。也可以問孩童一些開放性的問題，讓孩童表達自己心裡所想的事也是一種有幫助的做法，如果情況顯示這有助益的話。如果是面對一位更容易分心或受侵擾的孩童，讚美和鼓勵都能使孩童的陳述正常化並鼓勵孩童繼續。我們相信，在處理孩童的內化行為時，BPI 是非常有效的，主要是因為其中一個布偶總是分享類似的情緒，而且兩個布偶都表達出其不偏不倚的回答以及對孩子有實際的興趣（例如：「噢，我明白，我也常常很害怕」）。

　　有些孩子在一開始就很焦慮或過度受激。在大部分情況中，害羞／焦慮／害怕的孩子只需要看到那兩個布偶很友善並明白任務的要求，這就夠了。一般而言，在做完一或兩個練習問題之後（例如：「我喜歡披薩。」／「我不喜歡披薩，你呢？」），這些孩童就會找到溝通的方法並欣然接受訪談。

●● 有神經發展症狀的孩童

有已知或疑似神經發展症狀的孩童，例如自閉症，當其症狀是中度或重度或有明顯溝通障礙時，不太可能有能力完成 BPI。有些孩童甚至視這些布偶是有社會反感的，研究人員和治療師應該謹慎考慮這個可能。

BPI 手冊提供廣泛的程序指導原則和建議，其中一些比較重要的建議摘要如下。

BPI 訪談指導原則摘要

1. 在實際進行布偶訪談之前，先與孩童建立關係。向孩童介紹每一個布偶；解釋訪談中會發生什麼事；用一或兩個練習問題來幫助孩子進入狀況並示範訪談是如何運作的。在你確定孩童有進入狀況並明白這個流程之前，不要開始實際的訪談。

2. 以一種中性、不帶判斷的語氣進行訪談。訪談者應採用一種清楚明朗、令人舒服、溫和的步調，避免從一個問題很快移到下一個問題並製造出一種匆忙急趕的氣氛。同樣地，在訪談孩童時，強烈建議訪談者不要將 BPI 視為一種娛樂來源或使用卡通動畫的人物身分。的確，我們發現有些有豐富兒童遊戲治療或兒童戲劇經驗的訪談者在訪談兒童時，常常難以採用一種更中性、實事求是的語氣。

3. 為了表達對孩童的回答感興趣，要在孩童回答之後給予一個簡單的承認陳述，例如：「這也像我一樣。」然而，絕對不要在兒童的回答之後做出帶有評價的陳述（例如：「這很好」或「這太糟糕了」等等）。

4. 在面對更困難／具挑戰性的兒童時，要使用鼓勵和正面的回饋作為幫助孩子專注於任務的一種方式，這是極為重要的。原則上，我們強烈建議訪談者在問題開始出現之前，就預防性地給予孩童讚美和鼓勵。所謂的鼓勵和正面回饋，我們指的是類似如下的陳述：

「你真的好認真喲！」

「我們真的好喜歡跟你說話。」

「我們真的好想認識你。」

「我們想告訴你一些我們自己的事。」

「我們真的很想聽聽你說說自己的事。」

「我們真的覺得跟你說話好有趣喔。」

「在休息之前，我們只要再講幾件事就可以了。但你真的做得很棒。」

5. 經常叫出孩童的名字以確保孩童一直有留神或保持注意力，以及將訪談過程個人化。但不要過度，以免削弱其效果。

6. 如果需要重複一個問題，要確定正反兩面的陳述都有重複。不要只重複其中一種陳述。

7. 有時候，我們不清楚孩童是否明白一個問題。在面對孩子似乎有困難追蹤和（或）回答一個問題的內容時，訪談者應該使用切開問題策略作為訪談流程中的一環。例如，在以標準的方式提出一個問題的正反兩面陳述之後，訪談者接著應該以縮短的方式重新提出這個問題，以提供言簡意賅的兩個答案給孩童選擇。當孩童顯出對一些比較長、比較複雜的問題有理解困難時，這種策略特別有幫助。

Iggy ：如果有個小孩不按照我說的話去做，我會跟他說，我不再是他的朋友。

Ziggy：如果有個小孩不按照我說的話去做，我不會那樣跟他說。

Iggy ：妳呢，貝茜？如果有個小孩不按照妳說的話去做，妳會跟她說，妳不再是她的朋友……

Ziggy：還是不會這麼跟她說？

8. 如果孩童在理解問題上有困難，避免使用可以讓孩童選擇的陳述，例如：「我們要不要再試一次？」其次，如果訪談者要求一位有語言表

達困難的孩童「再試一次」的話，訪談者必須使用切開問題的方式讓孩童能夠成功表達自己的想法和感受。我們曾見過，由於孩童回答不出問題的困境一再出現，而且沒有調整訪談流程來反映出孩童的語言能力，因而使得孩童的情緒發生改變的情況。

9. BPI 的目標不是鼓勵訪談者和孩童在訪談過程中進行無關重要的對話。然而，可能會有一些臨床議題出現而使得訪談的流程不得不稍微中斷，這時，訪談者可能希望問一些沒有事先擬定的接話問題。例如，當孩童在表達困難的情感和想法時，我們發現用這樣的話表示肯定，不僅有用而且很重要：「這些是很困難的問題，但你真的做得好棒，而且我們喜歡跟你講話。」再次強調，要明智且有目的地利用對話。

10. 在問完最後一個題目之後，布偶應該告知孩童，這場訪談已經結束。更重要的是，布偶們應該謝謝孩童跟他們說話（例如：「謝謝你跟我們說話」），並讓孩童知道，他們覺得跟孩童說話和認識他（她）是很有趣的事。此外，我們也會讓布偶問孩子，在他們離開之前，孩子有沒有任何問題想問他們。

總結

BPI 的用意是以一種適齡的方式去蒐集幼童對自己和其他人的知覺。大量的研究和使用 BPI 的臨床經驗已提供豐富的證據，證明 BPI 作為一種獲得四到八歲孩童各方面資訊的方法，BPI 是有其信度的。對於有興趣實施 BPI 的個人或團體，如果目標是進行標準化的訪談時（即：有多位訪談者或當計畫要重複實施訪談時），我們強烈建議接受正式的訓練。在一種更表意（也就是利用符號或圖像表達某種想法或物體）的情境中，BPI 這個方法相當有彈性並且能被納入各種實施的環境中。

 **參考文獻**

Ablow, J. C., & Measelle, J. R. (1993). *The Berkeley puppet interview manuals.* Berkeley, CA: University of California.

Ablow, J. C., & Measelle, J. R. (2009). Capturing young children's perceptions of marital conflict. In M. S. Schulz, M. K. Pruett, P. Kerig, & R. Parke (Eds.), *Strengthening couple relationships and interventions for optimal child development: Lessons from research and intervention* (pp. 41–57). Washington, DC: APA.

Ablow, J. C., Measelle, J. R., Cowan, P. A., & Cowan, C. P. (2009). Linking marital conflict and children's adjustment: The role of young children's perceptions. *Journal of Family Psychology, 23,* 485–499.

Ablow, J. C., Measelle, J. R., Kraemer, H. C., Harrington, R., Luby, J., Smider, N., Dierker, L., Clark, V., Dubick, B., Heffelfinger, A., Essex, M. J., & Kupfer, D. J. (1999). The Macarthur three-city outcome study: Evaluating multi-informant measures of young children's symptomatology. *Journal of the American Academy of Child and Adolescent Psychiatry, 38,* 1580–1590.

Almqvist, A. L., & Almqvist, L. (2015). Making oneself heard: Children's experiences of empowerment in Swedish preschools. *Early Child Development and Care, 185*(4), 578–593.

Bender, L., & Woltman, A. G. (1937). Puppetry as a psychotherapeutic measure with problem children. *New York State Association of Occupational Therapists, 7,* 1–7.

Bernhardt, B. R., & Prager, S. B. (1985). Preventing child suicide: The elementary school death education puppet show. *Journal of Counseling and Development, 63,* 311–312.

Briggs, -Gowan, M. J., & Carter, A. S. (2008). Social-emotional screening status in early childhood predicts elementary school outcomes, *Pediatrics, 121*(5), 957–962.

Ceci, S. J., & Bruck, M. (1993). Suggestibility of the child witness: A historical review and synthesis. *Psychological Bulletin, 113*(3), 403.

Costello, E. J., & Angold, A. (2016). Developmental epidemiology. In D. Chichetti (Ed.), *Developmental Psychopathology: Volume I* (Third Edition, pp. 1–35*).* New York: Wiley.

Cowan, P. A., Cowan, C. P., Ablow, J. C., Johnson, V., & Measelle, J. R. (2005). The family context of parenting in children's adaptation to school: Support for early intervention. In *Monographs in parenting* (pp. 1–414). M. H. Bornstein (Series Editor). Mahwah, NJ: Erlbaum Publishers.

Currie, J., & Neidell, M. (2007). Getting inside the "black box" of Head Start quality: What matters and what doesn't. *Economics of Education Review, 26*(1), 83–99.

Göttken, T., White, L. O., Klein, A. M., & von Klitzing, K. (2014). Short-term psychoanalytic child therapy for anxious children: A pilot study. *Psychotherapy, 51*(1), 148.

Greenspan, S. I., & Greenspan, N. T. (1991). *The clinical interview of the child* (2nd ed.). Washington, DC: American Psychological Association.

Heberle, A. E., & Carter, A. S. (2015). Cognitive aspects of young children's experience of economic disadvantage. *Psychological Bulletin, 141*(4), 723.

布偶遊戲治療
實務指導手冊

Hinshaw, S. P., Han, S. S., Erhart, D., & Huber, A. (1992). Internalizing and externalizing behavior problems in preschool children: Correspondence among parent and teacher ratings and behavior observations. *Journal of Clinical Child Psychology, 21*, 143–150.

Ialongo, N. S., Edelsohn, G., & Kellan, S. G. (2001). A further look at the prognostic power of young children's reports of depressed mood and feelings. *Child Development, 72*(3), 736–747.

Irwin, E. C. (1985). Puppets in therapy: An assessment procedure. *American Journal of Psychotherapy, 39*, 389–399.

John, O. P., Measelle, J. R., Ablow, J. C., Cowan, C. P., & Cowan, P. A. (In press). Young children's self-reported personality traits predict academic and social outcomes 5 and 10 years later. *Psychological Assessment.*

Kazdin, A. E. (2017). Addressing the treatment gap: A key challenge for extending evidence-based psychosocial interventions. *Behavior Research and Therapy, 88*, 7–18.

Kindig, D. A., Asada, Y., & Booske, B. (2008). A population health framework for setting national and state health goals. *Jama, 299*(17), 2081–2083.

Luby, J. L. (2006). *Handbook of preschool mental health: Development, disorders, and treatment.* New York, NY: Guilford Press.

Luby, J. L., Heffelfinger, A., Measelle, J. R., Ablow, J. C., Essex, M. J., Dierker, L., Harrington, R., Kraemer, H. C., & Kupfer, D. J. (2002). The MacArthur health and behavior questionnaire compared to the DISC-IV: Greater sensitivity in identification of DSM-IV internalizing disorders in young children. *Journal of the American Academy of Child and Adolescent Psychiatry, 41*, 458–466.

Measelle, J. R. (2005). Children's self-perceptions as a link between family relationship quality and social adaptation to school. In P. A. Cowan, C. P. Cowan, J. C. Ablow, V. Kahen-Johnson, & J. R. Measelle (Eds.), *The family context of parenting in children's adaptation to school* (pp. 163–188). *Monographs in parenting.* M. H. Bornstein (Series Editor). Mahwah, NJ: Erlbaum Publishers.

Measelle, J. R., Ablow, J. C., Cowan, P. A., & Cowan, C. P. (1998). Assessing young children's self-perceptions of their academic, social and emotional lives: An evaluation of the Berkeley puppet interview. *Child Development, 69*, 1556–1576.

Measelle, J. R., John, O. P., Ablow, J. C., Cowan, P. A., & Cowan, C. (2005). Can young children provide coherent, stable, and valid self-reports on the big five dimension? A longitudinal study from ages 5 to 7. *Journal of Personality and Social Psychology, 89*, 90–106.

Navsaria, N., & Luby, J. (2016). Assessing the preschool-age child. In M.K. Dulcan (Ed.), *Dulcan's Textbook of Child and Adolescent Psychiatry* (pp. 37–56), , Arlington, VA: American Psychiatric Association Publishing.

Nilsson, S., Björkman, B., Almqvist, A. L., Almqvist, L., Björk-Willén, P., Donohue, D., & Hvit, S. (2015). Children's voices: Differentiating a child perspective from a child's perspective. *Developmental Neurorehabilitation, 18*(3), 162–168.

O'Connor, K. J., Schaefer, C. E., & Braverman, L. D. (2015). *Handbook of play therapy.* New York: John Wiley & Sons.

Oser, C., & Cohen, J. (2003). *Improving part C early intervention: Using what we know about infants and toddlers with disabilities to reauthorize part C of IDEA.* Washington, DC: Zero to Three Policy Center.

Paynter, J. M. (2015). Conducting Developmental and Cognitive Assessments with Young Children with Autism Spectrum Disorders, *Journal of Psychologists and Counsellors in Schools, 25*(1), 126–128.

Prosic-Santovac, D. (2016). Popular video cartoons and associated branded toys in teaching English to very young learners: A case study. *Language Teaching Research, 21*(5), 568–588.

Rijlaarsdam, J., Tiemeier, H., Ringoot, A. P., Ivanova, M. Y., Jaddoe, V. W., Verhulst, F. C., & Roza, S. J. (2016). Early family regularity protects against later disruptive behavior. *European Child & Adolescent Psychiatry, 25*(7), 781–789.

Ringoot, A. P., Jansen, P. W., Rijlaarsdam, J., So, P., Jaddoe, V. W. V., Verhulst, F. C., & Tiemeier, H. (2017). Self-reported problem behavior in young children with and without a DSM-disorder in the general population. *European Psychiatry, 40*, 110–115.

Ringoot, A. P., Jansen, P. W., Steenweg-de Graaff, J. C. J., Measelle, J. R., van der Ende, J., Jaddoe, V. W. V., Hofman, A., Verhulst, F. C., & Tiemeier, H. (2013). Young children's self-reported peer relations, emotional and behavioral problems: The psychometrics of the Berkeley puppet interview. *Psychological Assessment, 24*, 1273–1281.

Shiner, R., & Caspi, A. (2003, January). Personality differences in childhood and adolescence: Measurement, development, and consequences. *Journal of Child Psychology and Psychiatry, 44*(1), 2–32.

Valla, J. P., Bergeron, L., & Smolla, N. (2000). The Dominic-R: A pictorial interview for 6-to 11-year-old children. *Journal of the American Academy of Child & Adolescent Psychiatry, 39*(1), 85–93.

Whalen, D. J., Sylvester, C. M., & Luby, J. L. (2017). Depression and anxiety in preschoolers: A review of the past 7 years. *Child and Adolescent Psychiatric Clinics of North America, 26*(3), 503–522.

附錄　伯克利布偶訪談問題範例

　　BPI 被視為是一種方法，而不是一次性或特定的一套問話。BPI 這個方法設計上是很彈性的，讓使用者能夠發展自己的一套問話和內容領域。在此，我們提供幾個例子來顯示在研究中已證明為有效的語言和複雜度。

憂鬱
我不喜歡我自己。
我喜歡我自己。
我是一個孤單的小孩。
我不是一個孤單的小孩。

焦慮
我沒有很多煩惱。
我有很多煩惱。
我沒有常常肚子痛。
我常常肚子痛。

社會抑制
遇到不認識的小孩時，我不會害羞。
遇到不認識的小孩時，我會害羞。
邀請其他小孩一起玩會讓我覺得緊張和害羞。
邀請其他小孩一起玩不會讓我覺得緊張和害羞。

敵意／攻擊性
我常打其他小孩。
我不常打其他小孩。

我覺得嘲笑和找其他小孩麻煩是很好玩的事。

我不覺得嘲笑和找其他小孩麻煩是很好玩的事。

注意力不集中

我很難集中注意力。

我很容易就集中注意力。

要記得老師告訴我要做的事，對我而言很困難。

要記得老師告訴我要做的事，對我而言不困難。

親情溫暖和正向情感

我媽媽說她愛我。

我媽媽沒說她愛我。

我爸爸對我不好。

我爸爸對我很好。

父母親生氣和敵意

我媽媽發飆時，她會打我屁股。

我媽媽發飆時，她不會打我屁股。

我爸爸發飆時，他會對我大吼。

我爸爸發飆時，他不會對我大吼。

婚姻衝突

我爸媽會在我面前吵架。

我爸媽不會在我面前吵架。

我爸媽常常吵架。

我爸媽不常吵架。

婚姻衝突與自責

我父母吵架的內容與我無關。

我父母吵架的內容與我有關。

當我父母吵架時，我不認為他們是在生我的氣。

當我父母吵架時，我認為他們是在生我的氣。

婚姻衝突解決方法

我的父母吵架之後，他們會彼此說對不起。

我的父母吵架之後，他們沒有對彼此說對不起。

我的父母吵架之後，他們不會和好。

我的父母吵架之後，他們會和好。

同儕接受和排斥

我在學校有很多朋友。

我在學校沒有很多朋友。

其他小孩不邀請我跟他們一起玩。

其他小孩會邀請我跟他們一起玩。

被同儕霸凌

其他小孩對我做惡毒的事，例如推我或絆倒我。

其他小孩沒有對我做惡毒的事，例如推我或絆倒我。

其他小孩對我說惡毒的話。

其他小孩沒有對我說惡毒的話。

第 4 章
家庭布偶訪談

✳

Catherine Ford Sori

　　傳統上，遊戲治療和家庭治療是在平行的路徑上發展，但很少人看得出將這兩個領域結合起來可能會帶來指數性效益（Sori & Gil, 2015）。當 Irwin 和 Malloy 在 1975 年引進「家庭布偶訪談」（Family Puppet Interview, FPI）時，他們開始在這兩個領域之間搭起了一座橋。這個創新的「家庭遊戲治療」（family play therapy, FPT）技巧的設計是透過隱喻式故事揭露出一個家庭的溝通風格、問題和經驗。FPI 是一種互動、有結構性的評估和治療活動，它涉及整個家庭並且產生「豐富的互動資料」，揭露出重要的「象徵性的家庭幻想素材」（Irwin & Malloy, 1975, p. 179）。它提供一種形式，讓家庭以象徵性的方式，從一個比較安全、比較沒有防衛的立場，去對困難的議題和情緒進行溝通，同時提供家庭一種全新的方法在一個遊戲情境中經驗彼此。這個方法是這樣進行的：家庭成員選擇一些布偶並創作一個原創性的故事，然後透過布偶說話，在治療師面前演出這個故事。Irwin 和 Malloy（1975）提供一些接續的問題，例如問每一個人這個故事的標題或寓意是什麼，邀請家庭成員去回想其中一個布偶的動作或情緒，最後問這些家庭成員，這個故事是否讓他們想起在自己生活中任何正在經驗的事。

二十年後，Gil（1994）出版了《遊戲在家庭治療中的應用》（*Play in Family Therapy*，中文版由心理出版社出版），這是第一本詳細報導 FPT 的卓越效益和創新方法的書，其中也包括了 FPI。在書中，Gil 首先介紹這個概念，她花費額外的時間從隱喻的內涵去探索個案們的故事，接著才去問 Irwin 和 Malloy（1975）研究中所列出的問題。Gil 設計了一些「擴大隱喻」的方法，使得治療師能夠更深入進到個案們的敘事裡充滿豐富象徵的素材中。這種擴展的做法能夠將個案家庭維持在這個象徵故事裡更久的時間，讓右半邊的大腦維持運作，進而從更深處吸取出個案們的直覺、創造力和情緒，使得潛意識中的素材能浮出表面（見 Crenshaw & Tillman, 2013; Gil, 1994, 2011, 2015; Gil & Sobol, 2005）。為了「維持在隱喻內」，Gil 會要求那些布偶擴充其故事或探索每一個布偶所受到的影響，或指導兩個距離比較遠的布偶進行互動。這樣做的重要之處在於「這個家庭的隱喻之魔法，不會因為治療師專注於遠距的觀察、回顧或詮釋而被中斷」（Gil, 1994, p. 51）。潛在的益處包括減少個案們的防衛，增加個案家庭的樂趣和愉快的同時又讓他們以一種獨特的方式產生連結，並建議他們之前沒有考慮過的嶄新解決方法。在結束這種擴展做法之後，治療師「走出這個隱喻」並使用 Irwin 和 Malloy（1975）提供的更具分析性、驅動左腦運作的各種問題。Gil（2011）指出：「當更有分析性、領悟導向的左腦能夠評估並感到受右腦更具創意、象徵性作為之啟發時，更大的潛力便被釋放出來」（p. 209）。因此，本章的焦點是 FPI，包括 Gil 擴大隱喻的方法（1994, 2011, 2015），以及其他擴展這個活動的效益之創新方法。

實施家庭布偶訪談所需的材料和準備

實施 FPI 需要約 20 到 30 個布偶。太多選擇可能會讓個案們感到無所適從，但我們又需要足夠的布偶以呈現各種不同的特質。孩童在代表動物時能夠做很好的陳述，包括家裡養的、農場上的、動物園裡的和野生

動物。其他類別包括恐龍、海洋生物、飛行動物、昆蟲，以及幻想的動物（例如：獨角獸）。要找同一個物種（可能大小不同）的動物布偶可以代表動物家庭（例如：大獅子和小獅子）。比數量更重要的是，這些布偶有象徵的潛力。還要準備一些代表各種不同特性的布偶，例如善良與邪惡（天使與魔鬼）、攻擊性（鱷魚和恐龍）、弱小（人類小嬰兒、小綿羊、小狗）。建議還要準備其他一些布偶，包括有特殊力量的（天使、巫婆）、童話故事或幻想的人物（國王、王后、外星人）、被視為有智慧的（貓頭鷹、巫師），或那些力氣很大的（獅子、大猩猩）。呈現職業（警察、醫生、消防隊員）和多元種族的布偶特別有價值。許多個案被以下特性的布偶吸引：能夠「躲起來」的（烏龜、蛤蜊）、描繪轉型的（變成蝴蝶的毛毛蟲），或含有驚喜元素的（神燈裡的精靈、從盒子裡跳出來的小丑）。呈現職業的布偶很耐用、色彩豐富又吸引人，但價格也很貴。可以用襪子和毛線來製作布偶，或利用商店和二手店裡買得到的動物絨毛布偶加以改造（見 Foraker-Koons & Sori, 2015）。另一個額外的好處是，年幼的個案可能會喜歡協助布偶轉變。最好的手持布偶可以操作下巴移動以表示說話，頭部和雙臂也可以移動以模仿自然的動作（Carter & Mason, 1998）。不同大小的布偶可以讓治療師推測布偶的大小和特徵如何以隱喻的方式代表家庭裡的關係、角色和議題，包括權力和控制。如果有相關設備的話，將 FPI 單元錄影下來會很有幫助（見下文敘述）。

實施一場家庭布偶訪談

在決定提供哪些布偶給個案們選擇時，需要注意幾項事情。有時候，一個家庭的全部成員都選擇有類似特質的布偶（例如：烏龜和蛤蜊都是有殼、讓人可以躲進去的陸地和海洋生物），或可能有人會想要兩個一模一樣的布偶（例如：「猴子雙胞胎」）。Gil 和 Sobol（2005）提醒不要限制人們想要使用的布偶數量，他們指出：

一個必須擁有比別人更多東西的孩子就是在傳達他（她）的需求；也許這個小孩需要覺得自己是特別的或不同的。關係糾結的家庭成員可能需要挑同樣的布偶，或有時候某個人的選擇（一隻魚）就可能已經為其他人的選擇定調（烏龜、海馬、鯨魚、海星），顯示出這個人對其他家庭成員的影響力。（p. 351）

Karakurt（2012）指出，當某人選擇多個布偶時，每一個布偶可能代表他自己的不同面向（例如：一隻生氣的猴子，加上一隻失落無助的小綿羊）。

● 操作說明

一開始時，先將個案家庭帶到一個房間裡，裡面擺有大約 30 個布偶。接著提供簡單、清楚的指示來介紹這個活動，例如：

我要你們仔細看看這些布偶並選出一些你們感興趣的布偶。接著，我要你們一起想出一個故事，這個故事要有開始、中間和結尾。只有兩個規則：第一，這個故事必須是原創的，不是任何你們已經知道的故事，例如童話故事或電影等。第二個規則是，在創作完這個故事之後，你們要為我演出這個故事，要透過這些布偶說話，而不是只敘述這個故事而已。現在，我會給你們 30 分鐘去挑選布偶和創作你們的故事。你們結束後只要把門打開就可以了，我會回來當你們的觀眾。

如果大人表示懷疑或不願意參與，Gil（2011）建議，你可以要求他們相信你並試著展現他們的好奇心，並向他們保證，這重點是在於全家人一起玩。雖然大多數的小孩會很急著去拿起布偶，但偶爾有些小孩可能會繃著臉，不感興趣。為了挑起他們的興趣，你可以解釋，你會把他們的「表演」錄影下來（假設你事先有讓他們簽下錄影同意書），這樣你們所

有人下星期就可以一起觀賞這場表演！

●● 同時觀察過程和內容

在整個 FPI 的所有階段當中，治療師要同時敏銳地觀察這個家庭的過程（他們如何彼此連結和互動），以及他們的故事內容（這個隱喻可能代表什麼）。他們在挑選布偶時，要密切觀察（Gil & Sobol, 2005），可以從一面單向鏡後面觀察，或事後看錄影（待在房間裡，甚至安靜地坐在一個角落，都可能會使某些個案更有自我意識而抑制他們的創造力）。注意有哪些布偶被考慮、哪些被放棄、最後哪些被保留下來；並且注意在挑選布偶時的家庭動力。他們感興趣的程度有多大？孩子之間會為爭取父母的注意力而彼此競爭或為了某個布偶而吵架嗎？（如果有的話，發生了什麼事？）布偶都是每個人自己挑選的嗎？或是被指派的？是否有其中一人嘗試去限制其他人、叫他們打消這個念頭，或建議他們選另一個布偶？每一個人選了幾個布偶？是否有人無法選出一個自己覺得感興趣的布偶？家庭成員之間有互動還是各自安靜地挑選？

》觀察故事創作

一旦挑選完布偶之後，這個家庭如何創作其故事的過程「展現並釐清這個家庭如何組織起來去著手進行一個任務並完成它」（Gil, 1994, p. 49）。注意開始進行任務的輕鬆度或困難程度，以及每一個人對故事發展的貢獻。故事線是怎麼決定的？有出現明顯的領導者和跟隨者嗎？誰的意見有特權？誰的意見被忽視或拒絕？角色是被指派的嗎，還是每個人自己選的？是否有一個人接管所有的事而其他人同時退縮？父母的態度是鼓勵的、侵擾的，還是輕視的？當他們在探索各種可能和為自己的選擇做決定時，情緒氛圍是什麼？

故事的內容通常會隱喻式地呈現出這個家庭正在經歷的煩惱、掙扎、家庭秘密、禁止的話題、被抑制的情緒、失落（包含被父母遺棄），和緊張的關係。隨著故事的進展，有什麼樣的主題被建議？內容可能在影射什

麼真實生活中的威脅或危險？這個家庭有能力解決這個問題嗎？還要試著
去找出個人和家庭的長處以及復原力的跡象，稍後這可以用來作為產生希
望並提供改變的正向基礎。

》家庭表演其故事

在這個家庭打開門讓你知道可以回來之後，讓他們容易開始這個活
動的方式是詢問每一個布偶的名字，並邀請他們用一或兩個句子來描述
他們自己（Gil, 1994）。如果他們有困難，無法開始，這樣的提示可能會
有效，像是：「我很好奇這個故事在哪裡發生？將會發生些什麼事？」
如果其中一位個案脫離角色並跟治療師說話，試著用以下的方式引導他們
回到隱喻裡：看著布偶（不是個案）並叫出布偶的名字，鼓勵布偶彼此互
動（例如：「紅知更鳥，你可以把這件事告訴忙碌小蜜蜂並問她覺得如何
嗎？」）。

在家庭表演時，同時觀察其過程和內容非常重要。觀察過程包括注意
每一位家庭成員的參與度和愉快的程度。每一個人都有參與嗎？這些布偶
之間如何彼此互動？布偶們顯示出什麼樣的情緒？他們之間的對話前後一
致，還是混亂無序？在這個單元結束後看錄影也許能獲得更多理解。觀察
過程可以用來評估父母的教養風格（專制型、縱容型或威信型）、親子依
附的情況、個人和家庭運作是否良好，以及可能影射這個家庭目前經驗的
一些主題。這些觀察可以透過各種不同的理論濾鏡去進行（例如：結構治
療、敘事治療、經驗治療、焦點解決治療），以便能告知這個家庭各種評
估、假說、目標、治療計畫和接下來的介入方案等。

表演過程中所觀察到的內容，應該和在該家庭創作其原創故事時所看
到的內容互相比較。同樣的主題一直出現嗎？還是有改變？或有新的主題
被引進？他們建議了哪些角色？這個故事是否含有以健康的方式去解決
問題的方案？有時候在表演當中，個案家庭的原創故事會轉向一個新的
方向，這可能曝露出更多嚴重的議題，暗示這個隱喻有不同的詮釋，揭
露出更多隱藏的問題和更深的感覺，或曝露出這個家庭一直守著不准碰的

話題。

● 處理和擴大隱喻

為了使這個家庭「留在隱喻裡」，在提出問話和處理故事時，要直接看著布偶（而不是家庭成員們）（Bromfield, 1995）。如果個案們不透過布偶回答，直接對著布偶提詞可以幫助布偶回到他們的角色中。擴大的問題會超越故事的內容，使治療師能「留在隱喻裡」更久的時間並去探索該故事的重要元素（Franklin, 2015; Gil, 2011）。這些開放性問話聚焦於留在隱喻夠久到可以拓展意識，並使潛意識中的想法或壓抑的情緒浮出表面。治療師可能會想，在故事結束後，這些布偶會發生什麼事；要詢問更多的細節；挑戰這些家庭成員去發展新的互動方式；邀請兩個布偶討論某些事情或一起計畫一個活動等（見 Gil, 1994, 2011, 2015）。重點應該放在表達好奇心，而同時治療師的詮釋應該減到最低程度（Gil & Sobol, 2005），並且絕對不要與個案分享這些詮釋。在這個擴大過程之後，治療師可以「走出隱喻」並提出由 Irwin 和 Malloy（1975）所建議的問話（見前文的敘述），包括詢問故事裡是否有任何部分與他們自己生活中正經驗到的事類似。

如果沒有剩下足夠的時間去處理這個故事，治療師可以把劇情做個總結，鼓鼓掌謝謝這個家庭的努力和創意，並讓他們知道你非常喜歡他們的表演。告訴他們，你很期待在下一個單元中和他們一起觀看錄影，並要求他們在接下來的這星期裡去回想這個經驗。Gil（2011）指出，要「留在隱喻裡」同時又要想出一些處理故事的問話，對新手而言或許很困難，但多練習之後就會變得容易多了。這一週的緩衝讓治療師有時間回顧錄影，想出一些擴大問話以便在下一個單元中能夠更深入去探索其中的各種角色、隱喻、主題、情緒和意義。這段時間也可以用來設計出一個治療計畫，並決定如何以最好的方式在未來的單元中使用這些布偶和隱喻。

● 在整個治療中使用這些布偶和隱喻

在整個治療過程中，布偶的演出、故事的隱喻內容和新的互動方法都可加以參考、擴展和建立。Gil（2015, p. 174）有時候會運用一些服裝並要求個案家庭「重新演出他們的布偶故事，但這一次擔任他們之前創造出的角色，並表演出來」。個案們可能會要求使用他們的布偶來重溫某種情緒，或進行困難的對話，因為布偶（比服裝）提供一個更安全的情緒距離。

》第二次 FPI

如果一個家庭被要求進行後續的 FPI，他們可能會要求使用同樣的布偶或引進新的布偶到第二個故事中。比較兩次 FPI 的錄影可以幫助治療師發現到改變，去鼓勵個案，並釐清需要進一步治療的領域。這提供一種獨一無二的策略以衡量這些個案在解決問題、改善家庭功能、促進關係，和達到其他治療目標方面的進步程度。

》擴展 FPI 效益的方法

當個案家庭接近療程尾聲時，可以用好幾種創意的方式運用被選來進行 FPI 的那些布偶。個案家庭可以再看一次他們的 FPI 錄影，在這之後，治療師以電視「記者」的身分，拿著一個玩具麥克風訪談每一個布偶，而這些布偶是注意到布偶之間如何彼此合作讓事情變好的「專家」。分享這些布偶的專家知識可以幫助處於同樣情況的「觀眾們」。

在一個家庭 FPI 裡使用過的布偶可以納入「布偶迴響團隊」（Sori, 2011a），提供這些家庭一個別人如何看他們的新鮮且意外的觀點。這是使卡住的案例往前邁進的一個卓越機制。Karakurt（2012）討論在不同的文化中成功使用 FPI 的經驗，以及一種文化相關的 FPI 改編做法，即「饒舌 FPI」（Sori, 2010），這對青少年特別有吸引力。治療師給了一項回家功課，要求家庭成員一起合作創作一首饒舌歌，並在下一個單元中用他

們在 FPI 中使用過的布偶來表演。接著可以用一些問題去探索這個過程如何、有什麼事使他們感到意外、最困難的部分是什麼，以及每一個人最喜歡的是什麼（讓個案家庭看他們饒舌歌表演的錄影，是在治療中提醒他們想到這些經驗的一個寶貴方法）。

另一種運用方式是由治療師自己創作一首關於個案家庭的饒舌歌，並使用他們在 FPI 中用過的布偶（Sori, 2011b）表演這首歌。這時候，角色反過來了，治療師成了表演者，而個案家庭成了觀眾。這是一種出乎意料且好玩的方式，以慶祝並強調他們的進步，尤其是在療程結束的時候。個案們很高興看到一位治療師願意卸下一點自己的「職業身分」外衣為他們表演饒舌歌。所以，你要有心理準備，這個家庭會跳起來，加入唱饒舌歌的行列，拍著手並隨著節奏舞動起來。

案例說明
. . . .

這個案例（Sori 在 2015 年的文章中有介紹，但比較不詳細）是關於一個家庭，這個家庭成員包括剛離婚的母親史嘉莉和三位青少年。約翰（十七歲）喜歡運動，是學校美式足球隊的資深中後衛；約西亞（十三歲）跟他哥哥不一樣，他喜歡閱讀和下西洋棋勝於運動；而賈絲汀（十五歲）是相當受歡迎的女孩，卻是「被認定的患者」，因為她最近在學校出現行為問題。這個家庭很健談且溫暖，他們似乎很享受在一起的時光。當問到最近的離婚事件時，所有人都同意他們覺得「沒問題」，而且所有的事都「沒問題」，除了賈絲汀在學校的行為之外。由於沒有多少背景資訊可以繼續下去，治療師便決定在下一個單元中進行一次家庭布偶訪談。

在第二次單元裡，在讓這個家庭看了大約 30 個布偶之後，治療師要求他們選出一些他們感興趣的布偶。他們要一起創作一個原創的故事（不是任何他們已經知道的故事），這個故事要有開始、中間和結尾，然後他們要用這些布偶演出這個故事。她會離開一陣子，好讓他們能開始。等他們表示準備好時，她會再回來當他們的「觀眾」，看他們透過這些布偶說

話，演出他們的故事。

從一面單向鏡的後面，治療師看著媽媽選出一隻大母牛（取名為「艾西」），她描述這隻母牛「既有愛心又慈愛」；約翰選了一隻大猩猩（取名為「布魯澤」），牠是「叢林之王」；賈絲汀馬上抓出一個背著一隻無尾熊寶寶的無尾熊媽媽（取名為「蓓蒂和蜜妮寶寶」），說：「蓓蒂照顧森林裡所有的小動物」；而約西亞則模仿他哥哥，挑出一隻小猩猩，把它取名為「酷哥兒」，說：「牠真的很酷，而且幾乎和布魯澤一樣壯」（而這句話激怒了「布魯澤」）。每個人都參與了創作故事的活動，故事的內容是尋找一位名字叫做「史丹利」的朋友，他在森林裡迷路了。當他們表示已經準備好了時，治療師回到房間裡。

在介紹完每一個角色之後，表演開始，但其內容卻跟原來創作的故事大相逕庭。「艾西」（媽媽）開始演這個故事，卻被「蓓蒂」（賈絲汀）大聲中斷，她大聲吼「艾西」的想法既愚蠢又行不通，因為她不知道自己在做什麼。「布魯澤」（大哥）也加入，說他會負責去找史丹利，因為他是森林裡最大的動物，其他動物都怕他。當「艾西」（媽媽）悲嘆「史丹利」走丟了真是件糟糕的事，因為他是一個很好的朋友，而當「布魯澤」說「他才不是我的朋友」來反駁她時，劇情來了個急遽大轉彎。「艾西」提醒他，他應該要因為從「史丹利」那裡得到許多額外的食物而感激。於是劇情脫離了他們原本創作的故事軌跡，這時他們每一個人都開始大吼起來，他們聲音大到根本沒有人能聽懂他們在說什麼。當賈絲汀拖出一隻大型的魔鬼魚布偶「史丹利」時，眾人的吵鬧立即停了下來。這個魔鬼魚布偶有一根看起來很邪惡的、長長的尾刺。「艾西」親切地跟史丹利打招呼，但其他人看起來並不太想看到他，故事就到此結束。

治療師花了一點時間才回神過來，接著將劇情和布偶的演出行動做了總結。向布偶提出的擴大問話包括：當「史丹利」迷路了而沒有人能找得到他時，他們覺得如何？誰最想看到「史丹利」從森林裡出現？誰最不想？他們認為「史丹利」在森林裡做了什麼？他是怎麼迷路的？在他們當中有一位擁有一根這麼大又具威脅性的刺的朋友，這是什麼樣的感覺？如

果「史丹利」對他們造成威脅，他們會決定怎麼做？如果「史丹利」真的對他們造成威脅，他們會如何找到保護，以免被他那根大刺傷害？對於最後的問題，「布魯澤」馬上回答說，他是森林裡最大最壯的動物——甚至比「史丹利魔鬼魚」還大——所以他可以保護他們。「艾西」則插嘴說，「史丹利」其實並沒有這麼危險，他只是表面看起來危險而已。但孩子們繃著的臉和保持沉默的反應似乎在大聲吼出他們的相反意見。

當被問到，故事裡是否有任何成分跟他們生活中正在經驗的事有相似處時，媽媽承認，這是她第二次和孩子們的父親因為家暴而離婚，而且孩子們有時候還目睹了家暴的發生。由於這個單元剩下不多的時間，治療師讚美媽媽為了保護她自己和孩子，使他們脫離這惱人的家暴而採取了離婚這一步。接著治療師問，「艾西」和「布魯澤」可不可以在這個星期討論如何保護所有動物的安全，使他們免於魔鬼魚的傷害。

治療師看出，安全似乎是這個家庭裡最重要的主題，而他們並不準備揭露這一點，可是 FPI 卻切斷了他們的封鎖線，使得這個主題在他們的隱喻故事中被揭露出來。治療師的假設是，「史丹利魔鬼魚」代表孩子們的父親。接下來思考這些布偶的角色，約翰的布偶「布魯澤」似乎是家庭中的主要保護者。「蓓蒂／蜜妮」（賈絲汀）是「小動物的保護者」，而且是「艾西」（媽媽）最無情和最大聲的挑戰者，譴責媽媽在顧家方面的努力實在是非常無效。約西亞挑選的布偶可能代表他心中兩個互相對抗的力量：「酷哥兒」（小猩猩）想要模仿哥哥，而「史丹利魔鬼魚」則暗示對父親的憤怒或模糊不清的感覺。「艾西」（媽媽）原本形容自己「既有愛心又慈愛」，可是當其他布偶宣稱她的無能時，這個說法受到了質疑。

在下一個單元裡，在和這個家庭看完他們的 FPI 錄影並討論完他們是否喜歡它之後，治療師問，他們是否想到一些想要在諮商中處理的問題。於是，這個家庭（和治療師）一起定下了一些治療目標，個人的、兩人一組的，和整個家庭的治療目標，而且這個治療目標既反映出故事的內容，也反映出這個家庭在創作這個故事和表演它時的過程。

一星期之後，治療師決定先與孩子們會談，這時賈絲汀揭露出他們瞞

著媽媽一個可怕的秘密：在爸媽離婚之前不久，爸爸曾經對她肢體施暴過。他追著賈絲汀滿屋子跑，用一條皮帶重複打她，直到約翰介入，將皮帶從爸爸手中搶過來為止。在這之後，他們私底下同意不要告訴媽媽這件事，擔心如果她拿這件事和爸爸對質的話，她也會被打。在經過一番討論之後，他們都同意現在是將這個秘密告訴媽媽的時候。史嘉莉在得知女兒也被前夫家暴時震驚不已，而在得知孩子們之所以瞞著她是為了保護她免於「史丹利魔鬼魚」的傷害時，她也感到驚愕。孩子們懇求媽媽換掉所有的鎖，以防止「史丹利」突然闖進來，使得他們一直處於焦慮和恐懼中，他們也擔心媽媽又和爸爸復合。這時，治療師拿出他們在 FPI 中用過的布偶，要求每一個布偶告訴「艾西」這件事對他們有多大的影響，以及她可以做些什麼來幫助保護森林裡的動物，讓他們感到安全。

於是「艾西」採取了行動去保護森林裡的動物，而且這個家庭很快地朝向他們的目標前進。媽媽變成為一位能夠提供慈愛和快樂時光、安全和原則的家長。布偶們吵架的聲音安靜下來了；他們學習更會聆聽，並且信任「艾西」會保護他們的安全，使他們免於森林中任何魔鬼魚的傷害。

在最後一個單元裡，治療師為這個家庭表演了一首「治療字母饒舌歌」，用的是他們在 FPI 裡使用過的布偶。目的在於強調他們的成長，他們朝向目標的進步，以及他們在遊戲態度中所展現的許多長處。布偶的視覺元素加強了饒舌歌的戲劇性衝擊並提供更深層的意義。治療師使用布偶和玩具麥克風來表演饒舌歌，引起了哄堂大笑。顯然大家都興致高昂，因為所有人都跳了起來，拍手、跳舞、加入一起唱，最後這個單元最終以每個人和其他人互相「擊掌」一輪結束。每一個人都很開心拿到這首「饒舌歌」的歌詞──這是一份具體的記錄，它以一種遊戲的方式記錄了治療師所目睹這個家庭中發生的許多轉變。FPI 中的各種隱喻繞過了這個家庭原本的防守線，去探索這個家庭的各種議題。FPI 像個投石機一樣將這個家庭拋向前，而他們也進步得很快。他們（或治療師）會永遠記得這些豐富的經驗，這是不容置疑的事。

FPI（和其他 FPT 技巧）可被視為「跨理論的」（Schaefer &

Drewes, 2014; Gil, 2015），並且整合了大部分的遊戲和家庭治療理論（見 Dermer, Olund, & Sori, 2006）。無論對成人或兒童而言，遊戲都有治療的功效，而當家庭一起遊戲時，其功效是多重的。FPI 可以將新的生命吹進受傷的家庭裡，使得他們在一起遊戲中重新經驗到歡樂。在將這兩個領域裡的元素整合在一起時，任何障礙都可以被有好奇心、喜歡冒險，以及熱切想發現成長和治療之新可能的人克服（見 Gil & Sori, 2015）。

 **參考文獻**

Bromfield, R. (1995). The use of puppets in play therapy. *Child and Adolescent Social Work Journal, 12*(6), 435–444.

Carter, R., & Mason, P. (1998). The selection and use of puppets in counseling. *Professional School Counseling, 1*(5), 50–53.

Crenshaw, D., & Tillman, K. (2013). Access to the unconscious. In C. E. Schaefer & A. A. Drewes (Eds.), *The therapeutic powers of play: 20 core agents of change* (2nd ed., pp. 25–38). Hoboken, NJ: Wiley.

Dermer, S., Olund, D., & Sori, C. F. (2006). Integrating play in family therapy theories. In C. F. Sori (Ed.), *Engaging children in family therapy: Creative approaches to integrating theory and research in clinical practice* (pp. 37–65). New York, NY: Routledge Press.

Foraker-Koons, K., & Sori, C. F. (2015). A guide to making puppets without breaking the bank. In C. F. Sori, L. Hecker, & M. Bachenberg (Eds.), *The therapist's notebook for children and adolescents* (2nd ed., pp. 327–330). New York, NY: Routledge.

Franklin, P. (2015). Tell me all about it: Using objects as metaphors. In C. F. Sori, L. Hecker, & M. Bachenberg (Eds.), *The therapist's notebook for children and adolescents* (2nd ed., pp. 9–12). New York, NY: Routledge.

Gil, E. (1994). *Play in family therapy.* New York, NY: Guilford Publications.

Gil, E. (2011). Family play therapy: Igniting creative energy, valuing metaphors, and making changes from the inside out. In C. E. Schaefer (Ed.), *Foundations of play therapy* (2nd ed., pp. 207–226), NY: John Wiley.

Gil, E. (2015). *Play in family therapy* (2nd ed.). New York, NY: Guilford Publications.

Gil, E., & Sobol, B. (2005). Engaging families in therapeutic play. In C. E. Bailey (Ed.), *Children in therapy: Using the family as a resource* (pp. 341–382). New York, NY: Guilford.

Gil, E., & Sori, C. F. (2015). Obstacles and opportunities in utilizing family play therapy. In E. Gil's (Ed.), *Play in family therapy* (2nd ed., pp. 33–56). New York, NY: Guilford.

Irwin, E. C., & Malloy, E. S. (1975). Family puppet interview. *Family Process, 14,* 170–191.

Karakurt, G. (2012). Puppet play with a Turkish family. *Journal of Family Psychotherapy, 23,* 69–78.

Schaefer, C. E., & Drewes, A. (Eds.). (2014). *The therapeutic powers of play: 20 core agents of change* (2nd ed.). Hoboken, NJ: Wiley.

Sori, C. F. (2010). Rappin' family puppet interview. In L. Lowenstein (Ed.), *Creative family therapy techniques* (pp. 63–66). Toronto, Canada: Champion Press Books.

Sori, C. F. (2011a). Puppet reflecting teams in family therapy. In H. G. Rosenthal (Ed.), *Favorite counseling and therapy techniques* (2nd ed., pp. 281–290). New York, NY: Routledge.

Sori, C. F. (2011b). Using hip-hop in family therapy to build "rap" port. In H. G. Rosenthal (Ed.), *Favorite counseling and therapy homework assignment* (2nd ed., pp. 299–308). New York, NY: Routledge.

Sori, C. F. (2015). Using the family puppet interview in assessment and goal setting. In C. F. Sori, L. Hecker, & M. Bachenberg (Eds.), *The therapist's notebook for children and adolescents* (2nd ed., pp. 21–26). New York, NY: Routledge.

Sori, C. F., & Gil, E. (2015). The rationale for integrating play and family therapy. In E. Gil's (Ed.), *Play in family therapy* (2nd ed., pp. 1–32). New York, NY: Guilford Press.

第 5 章

布偶句子完成任務

✳

Susan M. Knell

　　句子完成（sentence completion, SC）任務是投射技術的一種形式，傳統上是根據投射的精神分析觀點而來。在投射中，個體將需求、感覺、衝突及動機「外在化」到曖昧不明的刺激當中（Rabin, 1960）。對成人及青少年而言，句子完成任務（sentence completion tasks, SCT）是最常運用的投射技術之一（Lubin, Larsen, & Matarazzo, 1984）。由個體完成一個句子語幹（sentence stem），而完成語幹的彈性度極大，這也是 SC 廣受歡迎的原因之一（Goldberg, 1965）。

　　SCT 的使用可以追溯到 19 世紀末期（Ebbinghaus, 1897; 引自 Hart, 1986），當時是用不完整的句子來評估心智能力。回應的複雜度被認為可以反映心智潛能。後來有其他人繼續發展這類技術運用於評估智力，但被引用作為情緒／人格發展的評估則出現在 20 世紀中期。例如 Tendler（1930）等臨床工作者開始運用句子語幹來引出情緒回應。在之後的幾十年間，許多形式都獲得運用，第二次世界大戰期間 SC 被放進心理綜合測驗裡而運用於美國士兵（Hart, 1986），後來也提供非軍事用途。

句子完成任務運用於年幼兒童

    多數傳統的句子完成任務一開始是為了青少年及成人所設計，用在年幼兒童則有些問題。對學齡前期兒童的評估及治療會是一項挑戰，主要是因為缺乏對幼兒的需要具備發展敏感度的評估工具。所遇到的困難包括施測、兒童的理解度以及結果解釋等議題。

    在對兒童施測投射技術時，必須考慮到年齡、發展程度、配合意願以及理解任務的能力（Hart, 1986）。此外，在了解評估結果時，兒童對施測者的自在程度以及當時的情緒狀態也是重要的因素。為了評估結果得以根據常態觀點作解釋，施測者必須對發展議題擁有清楚的工作知識。評估的解釋也必須搭配各種訊息來源，包括對家長、孩子及重要他人（例如老師）的臨床晤談。最後，由於多數兒童會透過遊戲表達自己，遊戲也被認為是與兒童工作時最可靠的方式，它在治療中的用處是無庸置疑。在評估過程中整合遊戲方法，提供了蒐集評估和診斷訊息一種更具發展適切性的模式。

布偶運用於兒童的評估

    運用布偶於年幼兒童的評估及治療具有發展適切性，且已充分獲得印證（如 Irwin, 2000）。在評估中融入布偶提供一種更具發展敏感性的方法，甚至可以帶出更可靠的臨床訊息。

    施測者必須想辦法讓兒童增加自在度，同時提高兒童對任務的了解。將布偶融入評估的時候讓過程變得好玩，這是很有用的方式。（想像一下施測者在運用布偶的時候聲音單調、沒有臉部表情，試想在這種情況下兒童投入任務的可能性會是如何！）

    就像遊戲的其他物件，布偶提供一種不帶威脅性的方式來表達衝突和感覺。從兒童的角度來看，是布偶在表達衝突或感覺，而不是他本人。

Irwin（1985）曾經描述一種評估技術，利用布偶說出一則假裝的電視故事，然後再藉由臨床晤談來釐清故事的意義。後來，Irwin（2000）的一篇文章評論了布偶在兒童及家庭診斷與治療方面的運用。在說明發展考量時，Irwin 提到：「年幼兒童通常清楚、不隱諱地呈現出他們的衝突，因此很有助於釐清診斷圖像。」（p. 685）她也提到年幼兒童族群的布偶遊戲比較不會隱藏，因此比較會公開地出現衝突。

有關句子完成任務的研究

句子完成任務尚未獲得心理計量學的驗證，主因是形式眾多且回應範圍太廣泛。不同的研究者有一些實證資料足以支持某些特殊形式的句子完成任務（如 Weiss, Zilberg, & Genervo, 1989），但類化到其他形式則不適合。句子完成任務大多運用在臨床情境中，因此建議對回應做質性分析。很顯然，結果的解釋主要取決於施測者的技巧、經驗及理論取向。針對兒童，研究最多的句子完成就是「兒童版哈特句子完成測驗」（Hart Sentence Completion Test for Children, HSCT）（Hart, 1986）。這個方法的發展是用來提供一種標準化的計分程序，聚焦在四個層面——家庭、社交、學校環境，以及自我知覺——可以運用於六到十八歲。

布偶句子完成任務（PSCT）

比較傳統的句子完成任務一般並不適合用在六、七歲以下的兒童。低於此年齡的兒童多數難以理解此任務的要求，因此難以做出一致、連貫的回應。基於句子完成任務可以獲得豐富的臨床資料，Knell（1992, 1993）提出布偶句子完成任務（puppet sentence completion task, PSCT）。這個方法背後的原理是對年幼兒童呈現一個具有發展敏感性的任務，這樣他們就可以理解，並且以適齡的方式加以回應。布偶句子完成任務（Knell, 1992; Knell & Beck, 2000）的發展是為了讓傳統的兒童版句子完成任務更

加適合用於學齡前期兒童，本章將會詳細描述。

年齡範圍

　　布偶句子完成任務可以用於三到七歲兒童。雖然學齡前期及學齡期早期兒童還是有個別差異，這個年齡範圍是一個適當的界限。當然還是有少數兩歲半的兒童可以完成布偶句子完成任務，一般來說三歲之前的兒童缺乏足夠的口語技巧來完成布偶句子完成任務。通常兒童年齡越小，口語的複雜度就越低。雖然運用於年齡非常小的兒童有受限，它還是有可能提供重要的臨床訊息。儘管如此，這個任務比較可以從較大的學齡前期兒童（四到五歲）引出更多的臨床訊息。至於年齡範圍的上限，較大兒童（六到八歲）擁有足夠的口語能力完成此任務，但是他們有可能對布偶比較不感興趣。因此，六到八歲兒童通常可以很快地從布偶任務轉換到比較傳統的句子完成任務，不過一開始布偶句子完成任務的結構還是會有一些幫助。

族群考量

　　除了年齡因素之外，布偶句子完成任務的運用沒有其他限制。多數兒童都可以完成這個任務，但是某些發展遲緩、自閉症或明顯語言障礙的兒童在做這個任務時需要有一些修改。手語流利的聽障兒童可以透過一位手語流利的施測者來施測，或是透過手語翻譯者幫忙。不管實際年齡多大，心智年齡小於三歲的兒童通常無法完成布偶句子完成任務。

器材

　　布偶是所需的主要器材，不過為了預防兒童對布偶不感興趣，最好旁邊要有一些其他的遊戲器材。

布偶的挑選

　　這個任務可以運用許多不同的布偶。兒童應該要有得選擇，但也不要

擺太多布偶而讓他們無所適從。布偶應該有不同的類別（例如：人物以及動物布偶）。布偶應該放在兒童前面或是容易拿到的地方（例如：開放式玩具櫃的底層），而且不管是放在哪裡，布偶應該要放置在兒童的眼睛視線高度。程序之一是要告知兒童選一個布偶，同時觀察兒童的選擇方式以及所選的布偶類別。他是很快做選擇，或是花了一長段時間？兒童是對選擇很感興趣，顯得躍躍欲試，或是表現出一副不感興趣的樣子？在這個過程中特別重要的是留意兒童的口語表達。兒童有說出特別選擇某一個布偶的理由嗎？兒童有轉向施測者並要求施測者為他做選擇嗎？這些觀察可能增加許多對兒童的功能程度、情緒議題及需求方面的了解。

● 句子語幹的挑選

布偶句子完成任務最早的應用是希望用一種適性發展的方式來運用傳統的句子完成任務。使用的語幹還是從標準的語幹衍生而來，期待這些語幹可以帶出有價值的臨床訊息（例如：家庭、自尊、感覺、可能的創傷）。由於沒有標準化的句子完成任務，句子語幹可以根據臨床判斷而加以增添或刪除。最早描述的布偶句子完成任務（Knell, 1992, 1993）被設計運用於一般的學齡前兒童族群。目標是提供可以運用於多數兒童的一套常用的句子語幹。在任務的最後面則增添一些與受害或虐待有關、可選做的語幹。即使對沒有懷疑有受虐情況的兒童，這些語幹可以協助排除受虐或創傷的可能性。然而，假如有些情況在臨床上認為不適合納入這些語幹，還是可以將它們排除。針對一些特殊族群（例如：離婚家庭的兒童），施測者可以增添一些針對特殊生活情境或主述問題的特殊語幹。學齡前期及學齡期早期族群常見主述問題有關的一些額外語幹，則是描述在布偶句子完成任務的選做段落（見本章附錄）。

Ruma（1993）提到在性受虐兒童的遊戲治療中，治療師有時候可能會想引入受虐兒童常見的主題。她認為要盡量鼓勵但不要主導。可能帶出受虐之後常見後遺症的句子語幹便可提供這樣的機會。諸如「最糟糕的秘密是……」或是「當我在床上的時候，我想到……」的語幹可以提供受創

傷或受虐兒童一些結構，讓他們表達出很難在晤談中透露的訊息。

這個結構對某些兒童可能太過嚇人，他們對這些句子語幹的回應通常就是沉默或是無法做出清楚回應。有一個例子是四歲半的理查，他遭受保母虐待（Ruma, 1993）。雖然他曾經透露出有關虐待的某些訊息，但之後他就不願再詳述有關他透露的訊息，也不願討論任何新的訊息。他在布偶句子完成任務中可以回應許多句子語幹，但是當他面對「我本來不想說出來的祕密是……」這個語幹時，他無法說出任何回應。雖然理查沒有透露出任何新的訊息，但是他的難以回應其實正好證實他之前所透露的受虐訊息。

●布偶句子完成任務的實施

建立治療關係是實施布偶句子完成任務的重要第一步。一旦兒童在遊戲室中與治療師相處得足夠自在，就可以引入布偶句子完成任務。何時實施布偶句子完成任務並沒有絕對的規則，但是最好不要經過太多次單元之後才實施。對某些兒童而言，第一次單元就可以引入布偶句子完成任務；對其他兒童而言，最好等到兒童感到自在且治療關係也建立了之後。由於布偶句子完成任務是相當結構性的活動，假如兒童多數時間是從事非結構、自發性的遊戲，這個活動就比較難引入。因此，建議在前兩到三單元內就實施這個活動。

實施布偶句子完成任務的程序（見本章附錄）相當直接。施測者讓兒童選一隻布偶，然後施測者選兩隻布偶，施測者也可以讓兒童幫他選。布偶句子完成任務分成兩個步驟。在第一部分，施測者替第一隻布偶（布偶 A）唸出句子語幹，在唸出之後，施測者的第二隻布偶（布偶 B）做回應。接下來施測者轉向布偶 C（兒童拿的那隻布偶），然後指出兒童應該要替布偶做回應。施測者可以透過聲調起伏或是透過用手指向兒童手中布偶的方式，或是合併這兩種方式來提醒兒童做回應。在第一部分共有五個句子語幹，然而，只要兒童已經理解這個任務，施測者就可以馬上進到布偶句子完成任務的第二部分。因此，假如在幾個句子語幹之後兒童已經了

解這個任務，就不一定需要做完第一部分的全部五個句子語幹。許多兒童很快就掌握到訣竅，很不喜歡重複做第一部分的問題。在這種情況下，最好盡快進到第二部分。聽聽看兒童替布偶 C 所說的回應，情況就會相當清楚。

假如兒童尚未了解第一部分，施測者可以開始第一個句子語幹，然後讓布偶提醒兒童回應。很重要的是，在兒童尚未了解第一部分之前，不要進到第二部分。

在第二部分，施測者的第一隻布偶直接對兒童的布偶陳述句子語幹，然後由兒童替他的布偶回應。多數兒童只會給一個回應，但有些兒童替布偶給一個回應，又替自己給一個回應，兩種回應都應該記錄下來。有時候不可能或不需要陳述第二部分的所有句子語幹。有些兒童，特別是較年幼的學齡前期兒童，沒有足夠的耐性回應全部的句子語幹，其他比較大的兒童或許可以完成所有的任務。一旦布偶句子完成任務必須縮短，施測者可以選擇一些與臨床相關的句子語幹，或是可以引出某些主題的語幹。這意味著必須跳過某些項目，以便在兒童的興趣降低之前觸及到更相關的句子語幹。這時候可以選擇運用一些與兒童的臨床狀況比較相關的句子語幹。施測的順序並不重要，施測者在施測任務時應該保持彈性，以便在兒童失去興趣之前就已提到臨床相關的項目。

在兒童及家長的同意之下，將布偶句子完成任務的施測過程錄音下來會很有幫助，尤其對象是語言構音技巧尚未完全發展的年幼兒童時就更有幫助。這樣可以讓施測者專注在兒童身上，而不是專注在要求兒童重複一些不完全了解的字句。錄音也可以讓施測者兩手都可以操偶，不需要用一隻手記錄兒童的回應。儘管在第二部分並不需要用兩隻手操偶，但在第一部分是需要施測者兩手操偶。在第一部分當中，回應的手寫記錄字體可能會很難看。當然，若是運用錄音，施測者在單元結束之後就要盡快聽錄音並且記錄下來。

要求兒童針對某些句子語幹進一步說明或提供訊息，有時候會很有幫助。施測者可以要求兒童說明他（她）的回應，或是針對回應詢問一個特

定的問題。由於布偶句子完成任務不是一個標準化、有常模的方法，施測者可以運用臨床判斷來決定要進一步詢問哪個回應，以及何時可以進到下一個句子語幹。這樣的決定是根據施測者對兒童回應的反思，然後加上臨床的敏感度去判斷何時最好立即捕捉到一些訊息，何時最好稍加等待。

案例說明

●● 個案實例

傑克是一位七歲八個月大的男孩，因為焦慮及難以控制情緒而被轉介治療。他在學校被責備的時候就會很生氣，也經常覺得自己為了莫須有的事情遭受責罵。在家中如果三個姊姊批評他，他也會大發雷霆。

在與治療師的第一次單元時，傑克就深深受到布偶吸引，並且立刻透過自己所挑選的布偶開始表達。布偶句子完成任務在第二次單元中引入，而且他不太需要第一部分，因為他很快就理解並回應句子語幹。（句子語幹後面接著傑克的回應，並且以**粗體字**表示；施測者的問話寫在括號內，後面並加上問號。）

> 我害怕可怕的東西（像是？）**怪物**。
>
> 我最快樂的時候是星期六（為什麼？）**因為我不用上學，不用做烏龜數學**（他替手上的烏龜布偶說話，而且當次是星期六單元）。
>
> 我最傷心的時候是**我姊姊們對我很過分的時候**。
>
> 我最害怕的時候是**父母吵架的時候**。
>
> 我最大的問題是**討厭的事情**（像是？）**有時候跟父母處不來，有時候他們跟我意見不一樣，像是他們認為我都沒有幫他們，但其實我有啊**。

在學校有時候老師為一些事情罵我，但我根本沒有做那些事情
（像是？）我不小心做了某些事情，但別人做了別的事情，我
卻被罵。

我的老師通常對我不錯，但有時候不是（什麼時候不好？）她對
我大叫的時候（什麼情況會讓她這樣？）我不乖的時候。

實施布偶句子完成任務的進一步考量

在實施布偶句子完成任務之前增添一些臨床相關的語幹

布偶句子完成任務的特性讓我們可以個別化每一次任務的實施。選做
的語幹不一定能符合所有兒童的需要，因此在實施之前可以將某些句子語
幹增添到基本的任務當中，以便任務能夠搭配兒童及其主述問題。增添的
語幹最好能夠帶出與兒童的環境、家庭結構或生活壓力源有關的特定議題
訊息。句子語幹的範圍至寬至廣，以下的個案實例說明如何在實施布偶句
子完成任務之前，利用句子語幹的增添來捕捉與如廁議題相關的臨床訊
息。

個案實例

西斯是一位三歲五個月大的男孩，主述問題是如廁及行為問題。母親
陳述他總是不服從，而且在幼兒園裡難以管控自己的行為。他曾接受過尿
尿訓練，但上大號時總是選擇憋住大便，不想坐馬桶。假如他憋住大便的
時間比較久，大便就會變得很硬，因此他的小兒科醫師曾經建議使用軟便
劑。

基於這些如廁議題，在實施布偶句子完成任務之前先增添了幾個句子
語幹。前幾個句子語幹是正常版本的一部分，後面幾個增添的語幹則特別
用來從西斯口中引出與如廁議題相關的訊息。

我喜歡在戶外玩。

我害怕怪物。

我最快樂的時候是大笑、開心、坐便便車。

我去便便、沖馬桶。

當我去廁所的時候，我不會。

我洗手的時候是坐便便車。

我去坐便便車噓噓、沖馬桶。

重要的是必須知道並運用兒童對身體功能所用的語言（例如，西斯所說的「噓噓」代表小便，「便便」代表大便）。這些名稱通常可以在家長初次晤談中蒐集到。

西斯的回應顯示他能夠談論如廁議題。他對「當我去廁所的時候」這個語幹很快回應「我不會」，顯示他覺察到父母擔心他拒絕坐在馬桶上解便。再者，他回應「大笑、開心、坐便便車」，可能顯示假如他可以坐在馬桶上解便的話，他自己會很快樂，或者是假如他能做到的話父母會大笑。另一種解釋是，他沒有坐馬桶的時候他們不會有笑容，但他希望父母能夠出現笑容。同樣地，當他說出便便之後會「沖馬桶」，這可能反映出他幻想自己能夠毫無困難地使用並沖馬桶，或是反映出他心中有必須這樣做的壓力。

》在實施布偶句子完成任務當中增添一些臨床相關的語幹

有時候施測者可以要求兒童擴充他的回應，以便進一步釐清他的回應。針對前述的個案傑克，施測者詢問了幾次進一步釐清的問句（例如，害怕什麼可怕的東西以及為何他在星期六最快樂）。此外，透過增添的一些句子語幹也有助於獲得釐清。若是施測者對兒童的特殊議題有些了解的話，這些語幹有可能事先增添，但也可能是在施測任務當中自發增添，以便釐清兒童的回應。以下的個案實例提供了後者的釐清形式。

》個案實例

　　布萊恩是一位五歲八個月大的男孩，因為在保母家出現行為問題而被轉介治療。根據父母的說法，布萊恩在家中舉止良好，在結構式環境中也表現不錯。然而，在保母家的時候，布萊恩經常對保母的兒子做出推、撞、打和踢的動作。父母感覺到急迫性，因為保母已經威脅父母說假如布萊恩持續表現出攻擊行為的話，她就要終止對布萊恩的照顧。在布偶句子完成任務中已經增添了一些句子語幹，以便蒐集布萊恩對於身處保母家的知覺經驗。這些句子語幹特別與保母及其兒子有關。此外，在布偶句子完成任務的施測當中，有需要進一步釐清布萊恩的回應。這個做法是透過根據布萊恩的回應而自發增添一些句子語幹。（一般字體的句子語幹在實施布偶句子完成任務之前被增添到計畫中，以便蒐集布萊恩對於身處保母家的知覺經驗之特別訊息；*斜體字*的句子語幹是施測者在施測布偶句子完成任務當中自發增添的題目。）

> 凱倫（保母）很過分。
> *凱倫很過分，因為我做錯事她就會對我很兇。*
> *當她對我很兇的時候，我就走開去畫圖。*
> *畫的圖是愛心。*
> 史蒂芬（保母的兒子）很好。
> *有時候史蒂芬很過分，當他很過分我就去告訴凱倫。*
> *然後凱倫她有時候把她兒子關在房間。她也會這樣對我。*
> *當我被關在房間的時候，我覺得孤單。*
> *當我孤單的時候，我覺得傷心。*

　　在這個實例中，施測者已經計畫運用與保母和她兒子有關的句子語幹來引出布萊恩對情境的感覺。然而，額外增添進來的句子語幹則是用來對布萊恩的回應引出更多的訊息。這個實例顯示出自發增添的句子語幹如何帶出有關兒童內在感覺的更多訊息。很明顯地，這些句子語幹無法在事先加以設計。

》在布偶句子完成任務中運用布偶以外的玩具

儘管這個任務的設計是布偶句子完成，評估過程還是保留了彈性。有一些兒童，甚至還是學齡前的年齡，對布偶不感興趣，或是拒絕使用布偶。對於這類兒童，還是有可能運用布偶句子完成任務。以下的實例就說明了布偶句子完成任務如何運用在一位不想使用布偶的兒童身上。

》個案實例

馬克是一位三歲九個月大的男孩，他拒絕蹲馬桶解便。馬克在大約兩歲半時接受小便的如廁訓練，他很願意坐馬桶小便，但卻拒絕坐在馬桶上大便。馬克反而會要求包尿布（事實上他已經不需要），然後將大便解在尿布上面。雖然父母可以同意他的要求，但幼兒園卻不願意讓馬克繼續留在幼兒園，除非他能夠完成所有的如廁訓練。幼兒園不讓馬克穿尿布解便，因此他只能夠待在幼兒園半天。馬克很想留在學校，他曾向父母表達說覺得自己錯失了下午許多好玩的活動。若是父母拒絕讓馬克穿尿布，他就會忍住大便。這樣的做法並不適當，因為常常忍住大便可能會造成糞便堆積在腸道內難以排出。

其他的主述問題包括馬克的攻擊行為及不順從。在轉介的那段時間，馬克正好面臨年幼手足的出生，同時又出現了對怪物和巫婆的恐懼。馬克的父母陳述他對玩具汽車很感興趣，對於許多車子的車名和特徵如數家珍。準備評估時，在標準清單中增添了許多句子語幹，以便蒐集馬克對於如廁議題的感受訊息。然而，馬克拒絕使用呈現在他面前的布偶，因此，為了完成這個任務，便用一組玩具汽車來取代布偶。在以下的實例中，施測者用一種好像汽車在陳述句子語幹的方式說話，而讓馬克用一種好像他在替汽車說話的方式回答。

　　我的尿布我的尿布全沒了，只好大在馬桶裡面。
　　它們全沒了？我把它們全丟到尿布桶了，我就去馬桶大大，擠出
　　我的便便。

汽車先生（對馬克手上的汽車說話），我很害怕巫婆。知道我怕
什麼嗎？我很害怕像是樹那樣的生物，我很怕它會從我床上跑
出來。

我傷心的時候是我媽媽和爸爸不在，而我只會哭。

》增添有療效的句子語幹到布偶句子完成任務

對某些兒童而言，句子語幹可以被設計成「有療效的引導」。也就是
說，語幹可以創造成符合兒童的情境，但以一種對兒童有療效、更具心理
教育性質的方式來設計。若是施測者覺得評估訊息已足夠，同時這類有療
效的語幹並不會妨礙或無損於已獲得的訊息，那就是運用這類語幹的良好
時機。它也可以被用在之後的治療上面，假如句子語幹成為遊戲治療的一
部分，而非單純只被當作診斷目的的話。以下實例是馬克的布偶句子完成
任務後段的一部分：

我的問題是我不知道。

有些孩子有便便的問題，你有便便的問題嗎？有，我有。不不，
我有去大大，我把它擠出來、擦掉，我把便便大在馬桶，沖
掉。

馬克的回應顯示他充分知道父母擔心他不坐在馬桶解便。然而，他堅
持說他並沒有「便便的問題」，他只是「把它擠出來、擦掉，再沖掉」。
很有趣的是，他一開始回應說自己的確有便便的問題，但很快就改變說
「沒有」。

總結

布偶句子完成任務是一種適合運用在學齡前及學齡早期兒童的適性發
展方法。它是根據適用於較大兒童及成人的句子完成任務而來，設計的目
的是為了促進年幼兒童的參與。布偶句子完成任務的某些層面讓它更適合

用來蒐集年幼兒童的訊息。必須很清楚知道兒童了解施測的指令，方能開始使用這個任務。施測過程還是有彈性，讓兒童有機會透過布偶的「聲音」來完成句子語幹，或者不透過布偶也可以。對某些兒童而言，布偶提供了一個工具，讓兒童不用直接告訴施測者他們有什麼感覺。對另外的一些兒童而言，一旦布偶開始讓這個任務有了結構，他們就可以自在地回應，甚至不需要靠布偶的協助。不管是何種情況，布偶（或是其他適當的遊戲器材）的運用都對這個任務的施測提供一種安全、熟悉的結構。

很重要的是，從這個任務所蒐集到的資料必須與其他所有的資料結合起來，而不是單獨看待。晤談訊息（例如，家長晤談，包括發展史；兒童遊戲晤談）以及較客觀的方法〔兒童行為檢核表（Achenbach & Rescorla, 2000）；ASEBA 學齡前版（LaFrenier & Dumas, 1995）〕都很有用。從老師和照顧者等重要成人所獲得的訊息通常也很重要，最終的目標是從所有蒐集到的訊息中概念化兒童對自身情境的知覺經驗。

參考文獻

Achenbach, T. M., & Rescorla, L. A. (2000). *Manual for the ASEBA preschool forms and profiles.* Burlington: University of Vermont, Department of Psychiatry.

Ebbinghaus, H. (1897). Uber eine neue Methode zu Prufung geistiger Fahigkuten und ihre Anwendung bei Schulkindern [Concerning a new method of testing intellectual abilities and their use in school children], *Zeitschrift fur Psychologie, 13,* 401–459.

Goldberg. P.A. (1965). A review of sentence completion methods in personality assessment. In B. I. Murstein (Ed.), *Handbook of projective techniques* (pp. 777–822). New York: Basic Books.

Hart, D. H. (1986). Sentence completion techniques. In H. M. Knoff (Ed.), *The assessment of child and adolescent personality* (pp. 245–272). New York: Guilford.

Irwin, E. C. (1985). Puppets in therapy: An assessment procedure. *American Journal of Psychotherapy, 39*(3), 389–400.

Irwin, E. C. (2000). The use of a puppet interview to understand children. In C. Schaefer, K. Gitlin, & S. A. Sandgrund (Eds.), *Play diagnosis and assessment* (pp. 682–703). New York: Wiley.

Knell, S. M. (1992). *The puppet sentence completion task.* Unpublished manuscript.

Knell, S. M. (1993). *Cognitive behavioral play therapy.* Hillsdale, NJ: Aronson.

Knell, S. M., & Beck, K. W. (2000). Puppet sentence completion test. In K. Gitlin-Weiner, K. Sandgrund, & C. Schaefer (Eds.), *Play diagnosis and assessment* (pp. 704–721). New York: Wiley.

LaFrenier, P. J., & Dumas, J. E. (1995). *Social competence and behavior evaluation: Preschool edition*. Los Angeles: Western Psychological Services.

Lubin, B., Larsen, R. M., & Matarazzo, J. D. (1984). Patterns of psychological test usage in the United States: 1935–1982. *American Psychologist, 39*, 451–453.

Rabin, A. L. (1960). Projective methods and projection in children. In A. I. Rabin & M. R. Haworth (Eds.), *Projective techniques with children* (pp. 2–11). New York: Grune & Stratton.

Ruma, C. D. (1993). Cognitive—behavioral play therapy with sexually abused children. In S. M. Knell (Ed.), *Cognitive behavioral play therapy* (pp. 193–230). Hillsdale, NJ: Aronson.

Tendler, A. D. (1930). A preliminary report on a test for emotional insight. *Journal of Applied Psychology, 14*, 123–136.

Weiss, D. S., Zilberg, N. J., & Genervo, J. L. (1989). Psychometric properties of Loevinger's sentence completion test in an adult psychiatric outpatient sample. *Journal of Personality Assessment, 53*, 478–486.

附錄 布偶句子完成任務（1998 年修訂版）

指引：施測者應該讓兒童選擇一個布偶。在兒童選擇一個布偶之後，施測者選兩個布偶。假如兒童很想要，施測者可以讓兒童替施測者挑布偶。在指引中使用以下編碼：

　　布偶 A——施測者的

　　布偶 B——施測者的

　　布偶 C——兒童的

第一部分

指引：布偶 A 陳述句子語幹，然後布偶 B 立刻回應。施測者接下來轉向布偶 C（由兒童拿著）尋求回應。施測者要替布偶 B 回答。假如兒童可以替布偶 C 回答，顯示他對此任務已可理解，就可以馬上進入第二部分。

布偶 A：	我的名字叫做＿＿＿＿＿＿
〔轉向布偶 B：〕	我的名字叫做＿＿＿＿＿＿
〔轉向布偶 C：〕	我的名字叫做＿＿＿＿＿＿
布偶 A：	我最喜歡的冰淇淋口味是＿＿＿＿＿
〔布偶 B：〕	巧克力冰淇淋
〔布偶 C：〕	＿＿＿＿＿＿
布偶 A：	我是＿＿＿＿＿＿
〔布偶 B：〕	四歲
〔布偶 C：〕	＿＿＿＿＿＿
布偶 A：	我最喜歡的玩具是＿＿＿＿＿＿
〔布偶 B：〕	我的泰迪熊
〔布偶 C：〕	＿＿＿＿＿＿

布偶 A：	我最喜歡的顏色是＿＿＿＿＿＿＿＿＿
〔布偶 B：〕	藍色
〔布偶 C：〕	＿＿＿＿＿＿＿＿＿

假如兒童無法理解這個任務，那就重新來一遍，同時讓布偶 B 敦促兒童去幫忙布偶 C 給回應。繼續這樣做，直到兒童清楚了解這個過程。在兒童尚未清楚了解之前，千萬不要進到第二部分。假如兒童無法清楚了解第一部分，他必定無法理解第二部分。

　　註：有些兒童很快就掌握訣竅，也不喜歡重複回答第一部分的題目，那麼這些兒童可以直接進入第二部分。雖然最好是立刻寫下兒童的回應，但由於施測者兩手都有布偶，因此在第一部分施測之後必須立刻記下兒童的回應。

　　再註：第一部分所列的回應只是範例，假如施測者覺得其他回應更有道理，或是更能帶出兒童的合作，你也可以使用那些回應。

第二部分

指引：在第二部分中，布偶 A 陳述句子語幹，而且是對著布偶 C 說。兒童（布偶 C）所表達的回應應該立刻寫在空格中。有些兒童會給兩個回應，一個回應是替布偶說，一個是替自己說。兩個回應都應該記下來。

1. 我最喜歡吃
2. 我喜歡
3. 在外面我會找他玩的人是
4. 媽媽是
5. 爸爸是
6. 我最喜歡看的電視節目是
7. （假如適用）我哥哥（或弟弟）的名字叫做
8. （假如適用）我姊姊（或妹妹）的名字叫做

9. 我喜歡假扮成

10. 假如我比現在更高大的話，我會

11. 晚上睡覺的時候我會

12. 我害怕

13. 我討厭

14. 最棒的秘密是

15. 最糟糕的秘密是

16. 媽媽最棒的時候是

17. 爸爸最棒的時候是

18. 爸爸最過分的時候是

19. 媽媽最過分的時候是

20. 我最快樂的時候是

21. 我最傷心的時候是

22. 我最害怕的時候是

23. 我最大的麻煩是

24. 發生在我身上最糟糕的事情是

選做的句子語幹

25. 我最喜歡用手摸

26. 我不喜歡用手摸

27. 我不喜歡被他（她）摸的人是

28. 我喜歡被他（她）摸的人是

29. 我的身體是

30. 我不喜歡被摸的部位是

31. 我最擔心說出來的秘密是

32. 我最氣的時候是

33. 當我知道爸媽要離婚的時候，我覺得

34. 離婚是

35. 去我媽（爸）那裡會

36. 當我去我媽（爸）那裡的時候，我

37. 我的繼母（繼父）會

38. 我的馬桶

39. 我去便便（廁所）的時候，我會

40. 尿布是

41. 媽媽離開的時候我覺得

42. 自己一個人會

43. 我的肚子會

44. 我最大的願望是

45. 我會哭的時候是

46. _____

47. _____

48. _____

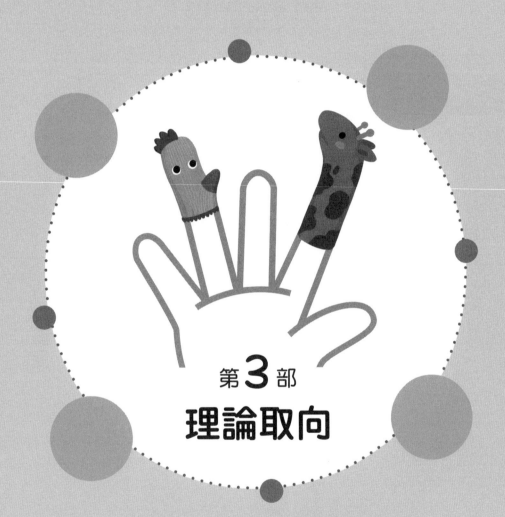

第 **3** 部

理論取向

第 6 章

兒童中心取向布偶遊戲
運用於兒童

✳

Elizabeth Kjellstrand Hartwig

在兒童中心遊戲治療中使用布偶，可以提供兒童表達內在世界的機會。基於幾個原因，兒童很自然被布偶所吸引：顏色多樣且柔軟、容易使用，而且可以用各種不同方式來使用。在一份兒童中心遊戲治療中玩具的使用研究，Ray 等人（2013）探討了遊戲室中玩具的使用頻率。在這個研究中，布偶劇場使用的頻率是 32%，意味著接近三分之一在遊戲室裡的互動涉及了布偶劇場，而特定的一些布偶全部的使用頻率則為 25%。這個發現顯示布偶是兒童在遊戲室中很有用的工具。

兒童中心理論綜觀

兒童中心遊戲治療（child-centered play therapy, CCPT）是與兒童工作的一種非指導式取向。CCPT 所根據的是個人中心治療的核心理念：同理、真誠，以及無條件的正向關懷（Rogers, 1980）。Axline 是 Rogers 的學生兼同事，她對遊戲治療領域最大的貢獻是發展出非指導式遊戲治療（nondirective play therapy）。Axline（1947, pp. 73-74）提出八項指引，藉此定義了 CCPT，同時提倡了 Rogers 的核心理念：

1. 治療師對兒童發展出一種溫暖及友善的關係，藉以盡快建立一種良好的治療關係。

2. 治療師無條件接納兒童，並不期待兒童在某方面會有所不同。

3. 治療師在關係中創造容許的感覺，讓兒童覺得可以完全自由地去探索和表達自己。

4. 治療師總是對兒童的感受保持敏感，並且用能幫助兒童發展自我了解的方式，將這些感受溫和地反映給兒童。

5. 治療師深信兒童有能力表現負責，堅定地尊重兒童有解決問題的能力，並讓兒童發揮這些能力。

6. 治療師相信兒童的內在指導，讓他來主導關係中的所有層面，並且抗拒任何想要指導他遊戲或對話的衝動。

7. 治療師欣賞治療過程的漸進性，並且不會試圖去催促這個過程。

8. 治療師的設限，只用於穩固治療的現實性，以及幫助兒童接受個人責任及關係中的責任。

這些指引提供了兒童中心遊戲治療取向的基礎。

在《遊戲治療：建立關係的藝術》（*Play Therapy: The Art of the Relationship*，中文版由心理出版社出版）一書中，作者 Landreth（2012）透過對遊戲室玩具器材、促進式回應、治療性設限以及家長工作等方面提供指引，讓 CCPT 有了正式的形式。Landreth 強調在遊戲治療中與兒童建立關係的重要性，以及信任兒童可以主導他自己的療癒過程。Ray（2011）後來在她的《進階遊戲治療》（*Advanced Play Therapy*，中文版由洪葉文化出版）一書中擴展了 CCPT 取向，在其中引入了遊戲主題概念，探索了攻擊在兒童中的角色，並且描述了不同場域中的遊戲治療。

象徵性遊戲（symbolic play）的概念是兒童認知及社交發展的重要元素（Piaget, 1951; Vygotsky, 1976）。象徵性遊戲是兒童運用物件、動作或想法來呈現他們內在世界中人們、物體和行動的能力。在兒童中心遊戲治療中，兒童利用遊戲室的玩具作為象徵性遊戲過程的一部分。Ginott

（1994）認為：「比起透過語言，兒童透過操控玩具更能正確表達出他對自己、對重要他人以及對生活事件的感覺。」（p. 51）布偶在這個過程中是很有價值的工具，因為它們可以代表人們（例如，家庭成員、警察、啦啦隊員）、感覺（例如，蝴蝶代表快樂，烏龜代表害怕），以及概念（例如，龍代表權力，狗代表友善或忠誠）。Landreth（2012）提到象徵性遊戲「讓兒童不受環境限制而得以自由地同化他們的經驗」（p. 17）。兒童也可以運用布偶作為自我隱喻。他們可能選擇某個布偶來代表他們已經擁有的個人特質（例如，貓頭鷹代表智慧），或是某個布偶代表他們想要擁有的特質（例如，鱷魚代表權力）。透過象徵性遊戲，兒童可以運用布偶來探索他們對自己、對他人以及對世界的想法。

運用布偶的關鍵事項說明

● 布偶的挑選及陳列

類似為遊戲室挑選玩具的原理，布偶的挑選也是根據理論基礎的慎思過程。Landreth（2012）建議實務工作者所挑選的玩具和材料，要能促進廣範圍的創意和情緒表達、吸引兒童的興趣、促進探索性的遊戲，容許非口語表達，容許成功經驗且不必事先安排，容許單純遊戲而不說話，而且經玩耐用（p. 156）。根據這些指引，實務工作者所挑選的布偶必須能夠讓兒童表達廣範圍的情緒，並且呈現出兒童說得出的意象或象徵。Landreth 建議三大類玩具：真實生活、行動外化的攻擊—釋放，以及創意表達和情緒釋放。真實生活布偶讓兒童運用家庭成員、寵物及社區成員的具體表徵來表達他們自己。攻擊—釋放布偶用來表達挫折、憤怒或敵意。創意表達及情緒釋放布偶讓兒童得以表達廣範圍的情緒。Landreth 建議這三種類別各有 15 到 20 個布偶的樣本組合：

》真實生活

- 代表各類家庭及家庭結構的家庭成員：兩個多元文化家庭的布偶，
  包括兩位父親、兩位母親、兩位兒子以及兩位女兒。
- 特殊族群布偶：士兵布偶、袋鼠寶寶（收養或親子議題）。
- 寵物：狗、貓、馬、鳥。
- 社區成員：警察、醫生、消防員、護理師。

》攻擊─釋放

- 顯出攻擊性的布偶：龍、蛇、狼、鯊魚、鱷魚、蜘蛛。

》創意表達及情緒釋放

- 可以表現廣範圍情緒的布偶：鬥雞眼怪物（好笑）、烏龜或蛤蜊
  （害羞或害怕）、貓頭鷹（智慧）、巫師（神奇）、蝴蝶（快
  樂）。
- 無特別象徵性的各種動物：母牛、鴨、小羊及青蛙。
- 瑪莉莎（Melissa & Doug）創意布偶怪獸。

　　根據實務工作者所工作的個案或個案族群之需要，實務工作者可以添
增或改變樣本組合。舉例來說，假如實務工作者主要的服務對象是軍人家
庭，在樣本組合中納入一些軍人布偶就會是相當合適的做法。圖 6.1 是某
一樣本組合的照片。

　　在遊戲室中布偶的陳列和擺放有幾種不同的方式。布偶陳列的類型包
括木製布偶樹、掛在牆上或門後的塑膠製鞋子掛勾，以及可以同時陳列其
他玩具的書架。Landreth（2012）建議，在每次單元之後玩具要放在遊戲
室中固定的位置，這樣兒童就不用一直去找他們要玩的玩具。布偶的陳列
也是這樣。他建議布偶依照上述的玩具類別加以分類陳列，以便兒童可以
很快在所需的類別中找到自己想要的布偶。

圖 6.1　布偶組合樣本

CCPT 促進技巧

　　Ray（2011）提出兒童中心遊戲治療所使用到的九類有療效的口語回應，包括跟循行為、反映內容、反映感受、促進做決定與歸還責任、促進創造力、建立自尊、促進關係、反映更大的意義，以及設限。以下用場景及回應來描述每一類促進技巧。

1. 跟循行為是反映兒童在遊戲室中正在做的事情。

　　場景：一位兒童拿起蝙蝠布偶，然後讓它在空中飛翔。

　　跟循行為回應：「那隻正在飛。」〔請留意此回應沒有幫布偶命名，這樣兒童就可以決定要讓蝙蝠布偶當什麼。這是根據 Landreth（2012）的建議，為了讓兒童在遊戲室中主導，治療師不要幫玩具命名。〕

2. 反映內容是總結或改述兒童所說的話。

　　場景：一位兒童選了一隻袋鼠，它的腹袋裡有一隻袋鼠寶寶。兒童說：「你看，這隻有寶寶在裡面！」

反映內容回應：「你注意到那隻有一個寶寶！」

3. **反映感受**是治療師根據兒童的行為或口語線索來陳述治療師認為兒童當時有什麼感受。

場景：兒童在她手上握著一隻狗布偶，並將布偶前後搖動，然後皺眉頭說：「小狗傷到它自己。」

反映感受回應：「小狗受傷你覺得難過。」

4. **促進做決定與歸還責任**是給予兒童在遊戲室中有機會和責任做出自己的決定，並且為他所做的選擇負責。

場景：兒童從布偶樹上拿下所有的布偶，並且將它們丟到地上，然後說：「把它們清乾淨！」

歸還責任回應：「在這裡，那是你可以做的事情。」

5. **促進創造力**是容許兒童發展自己的創造力及表達感（Ray, 2011, p. 87）。

場景：兒童秀他的布偶給治療師看，然後問：「這是什麼布偶？」

促進創造力回應：「你認為它是什麼布偶，它就是什麼布偶。」

6. **建立自尊**是對兒童所做的努力提供鼓勵。

場景：兒童試著拼湊瑪莉莎創意狗狗布偶，當他完成拼湊時，他大聲說：「我完成了！」

建立自尊回應：「你做到你想要的樣子了！」

7. **促進關係**是確認兒童與治療師之間關係的一種關係回應（Ray, 2011, pp. 87-88）。

場景：兒童給治療師一隻龍布偶，然後說：「跟你玩很有趣！我們一起來編故事。」

促進關係回應：「你喜歡跟我一起玩！」

8. **反映更大的意義**是留意到並且口語說出兒童遊戲中的模式及主題，以便增加兒童對他（她）遊戲所展現的意義及動機的覺察。

場景：兒童將所有布偶都收回到書架上。每次單元他玩完布偶之後都這麼做，已經有十次單元了。

反映更大的意義回應：「我注意到每次你玩完它們之後，你都會把它們放回到書架上。」

9. **設限**是在遊戲室中設立界限，以便提升安全並且幫助兒童發展問題解決技巧及自我控制。Landreth（2012）建議用設限的 ACT 方法：A—Acknowledge（確認）確認兒童的感受、願望和想要；C—Communicate（表達）表達限制；T—Target（指出）指出可被接受的替代行為（pp. 271-272）。

場景：兒童從治療師手上抓走龍布偶，準備要把布偶丟向治療師，然後說：「你做得不對！」兒童等著看治療師如何回應。

運用 ACT 方法的設限回應：「（A）你生氣我玩龍布偶的方法不對，你想要用龍丟我；（C）可是我不是用來被丟的；（T）你可以假裝那隻熊是我，用龍丟它。」

以下案例說明在兒童中心遊戲治療中，對兒童運用布偶時所使用到的上述這些促進技巧。

案例研究

以下案例呈現了一位兒童在兒童中心遊戲治療中使用布偶的說明片段。

傑姆士是被診斷為對立反抗症的五歲男孩。他的父母在他兩歲時離婚，母親在他四歲時再嫁，後來母親和繼父生了一個妹妹，目前五個月大。他的繼父有酗酒問題，傑姆士曾經好幾次目睹母親和繼父爭吵，其中有幾次還打了起來。傑姆士跟繼父處不來，繼父也不想花功夫和傑姆士建立關係。她的母親提到傑姆士在家裡經常發脾氣，在家和在學校都不遵守規定，而且在學校裡不只一次跟另一位同學打架。傑姆士固然跟許多同儕和大人都處不好，但他特別喜歡他的妹妹阿嘉莎，他經常跟她玩，也常常問母親是否可以抱她。母親和生父的監護協定中提到生父每兩週的週末可

以帶傑姆士回去過夜團聚，但生父經常錯過來帶他的時間，或是在最後一分鐘打電話來取消。

● 說明片段

傑姆士：（在房間四處張望）我不確定今天想要玩什麼。

治療師：你不知道想要玩什麼。（反映內容）

傑姆士：（走向布偶塔）這些是什麼？

治療師：你想要它們是什麼，它們就是什麼。（促進創造力）

傑姆士：（挑一隻鯊魚布偶）我知道這隻是什麼。

治療師：你已經決定那隻要當什麼。（反映內容）

傑姆士：是呀──當我繼父。

治療師：喔──那隻是你繼父。（反映內容）

傑姆士：你看──他有很大的牙齒和大嘴巴。他吐了很多東西，就像這樣。（傑姆士挑了一些小車，再讓它們掉到地上，看起來好像是從鯊魚的嘴巴掉出來一樣。）

治療師：他有很大的牙齒和大嘴巴，吐了很多東西。（反映內容）

傑姆士：對。（傑姆士站著看布偶樹好一陣子）嗯……

治療師：你正看著那些。（跟循行為）

傑姆士：我知道我現在要什麼。（傑姆士拿著鯊魚布偶，又另外挑了鱷魚、公主和烏龜布偶，然後把這些布偶都集中到布偶台。）

治療師：你找到了你要的。（反映內容）

傑姆士：我想跟你一起做布偶秀，因為你很好玩！

治療師：你喜歡跟我一起玩。（促進關係）

傑姆士：（把烏龜布偶遞給治療師）來，你是這隻。

治療師：（拿起烏龜布偶，然後戴在手上）好。

》實務重點

治療師讓兒童決定自己想要玩什麼玩具，也透過確認傑姆士喜歡跟她一起玩而促進了彼此的關係。允許兒童在遊戲室中做選擇並且確認兒童所說的話，是兒童中心遊戲治療的核心元素。

繼續互動：

傑姆士：（開始試著把鯊魚布偶套在手上，但弄了一會兒還套不上去，他也沒有很認真試，結果布偶就掉到地上。他看著治療師。）把布偶放到我手上去。

治療師：在這裡，這件事你可以自己做。（促進責任）

傑姆士：（再度嘗試，成功讓鯊魚布偶戴在手上，接著又把鱷魚布偶戴在另一隻手上。）我成功了！我兩隻都戴上了！

治療師：你靠自己把兩隻都戴上了！（建立自尊）

傑姆士：（把兩隻布偶帶上布偶台）〔鱷魚對鯊魚〕你有那些牙齒就覺得自己很酷，可是我的牙齒比你還多！看到了嗎？〔鱷魚咬鯊魚的頭。〕

治療師：那隻剛才咬了他。（跟循行為）

傑姆士：是啊——鱷魚要把他傷得很慘。〔鱷魚再次咬鯊魚的頭。〕

治療師：鱷魚想要傷害他。（反映內容）

傑姆士：（把手拿出鱷魚布偶外面，開始嘗試將鯊魚布偶的牙齒拔掉。）我要讓他傷得很慘！我要把他全部的牙齒都拔掉。

治療師：傑姆士，我知道你想拔掉他全部的牙齒，讓他傷得很慘，但是牙齒應該要留在他嘴巴裡。你可以假裝拔掉他的牙齒。（設限）

傑姆士：（傑姆士想了一下，然後把手放回鱷魚布偶裡面。）沒關係，鱷魚會讓他好看。〔鱷魚咬了鯊魚好幾個地方，然後把鯊魚丟到地上。〕耶——他死了！

治療師：你很高興看到那傢伙死了。（反映感受）

》實務重點

為了讓兒童、治療師和遊戲室保有安全，設限是重要的一部分。在這個例子中，治療師運用 ACT 方法來確認兒童的想望、表達限制，以及說出一個可被接受的替代行為。傑姆士考慮了一下限制，然後選擇遵守限制，並且在鱷魚／鯊魚互動中持續使用鱷魚布偶。

繼續互動：

傑姆士：烏龜在哪裡？

治療師：（把烏龜帶上布偶台）〔用特別的「烏龜」聲音扮演烏龜〕我在這。（促進創造力）

傑姆士：〔鱷魚對烏龜〕你有看到鯊魚怎麼了嗎？鯊魚很過分，又吐了一堆東西，所以我殺了他。

治療師：〔扮演烏龜對鱷魚〕你決定殺了他，因為他很過分，又吐了一堆東西。（反映內容）

傑姆士：〔扮演鱷魚〕我知道烏龜很害怕鯊魚。

治療師：〔讓烏龜點點頭，跟隨傑姆士的主導〕我很害怕。（促進創造力）

傑姆士：〔扮演鱷魚〕我很厲害，我殺了他，他就不會再嚇你了。我一定不會再讓他傷害你。

治療師：〔扮演烏龜對鱷魚〕他不會再傷害我，你覺得這很重要。（反映更大的意義）

● 討論

這個案例研究說明了在兒童中心遊戲治療中運用布偶遊戲時所使用到的全部九項促進技巧。在整個過程中，治療師允許傑姆士主導，包括選擇玩具以及開啟遊戲。治療師運用治療性的口語回應來與兒童建立關係，確認兒童的行為、感受、字句和意義，並且促進責任、建立自尊和創造力。每位兒童固然會以不同的方式與布偶互動，這個案例研究提出了用兒童中

心的方式回應個案的可能方法。

總結
·········

　　由於布偶很吸引兒童，又很適合做象徵性遊戲，布偶會是兒童中心遊戲治療的絕佳資源。作者在三種 CCPT 玩具類別中各建議了 15 到 20 個布偶樣本組合：真實生活、行動外化的攻擊─釋放，以及創意表達及情緒釋放。治療師應該考慮運用兒童可以容易取得布偶的方式來陳列布偶，例如布偶樹、鞋子掛勾或書架。Ray（2011）提到的九種促進技巧提供了一個架構，幫助治療師在遊戲室中以兒童中心的方式回應兒童。本章描述了每一種促進技巧，為每一種技巧提供了實例，並且呈現了說明片段。兒童中心取向布偶遊戲提供了建立關係的媒介，而促進技巧的運用則可以在兒童自身的療癒旅程中支持他們。

參考文獻

Axline, V. (1947). *Play therapy: The inner dynamics of childhood.* Oxford, England: Houghton Mifflin.

Ginott, H. G. (1994). *Group psychotherapy with children: The theory and practice of play therapy.* Northvale, NJ: Jason Aronson, Inc.

Landreth, G. L. (2012). *Play therapy: The art of the relationship* (3rd ed.). New York, NY: Routledge/Taylor & Francis Group.

Piaget, J. (1951). *The psychology of intelligence.* London: Routledge and Kegan Paul Ltd.

Ray, D. C. (2011). *Advanced play therapy: Essential conditions, knowledge, and skills for child practice.* New York, NY: Routledge/Taylor & Francis Group.

Ray, D. C., Lee, K. R., Meany-Walen, K. K., Carlson, S. E., Carnes-Holt, K. L., & Ware, J. N. (2013). Use of toys in child-centered play therapy. *International Journal of Play Therapy, 22*(1), 43–57.

Rogers, C. R. (1980). *A way of being.* Boston, MA: Houghton Mifflin.

Vygotsky, L. (1976). Play and its role in the mental development of the child. In J. Bruner, A. Jolly, & K. Sylva (Eds.), *Play: Its role in development and evolution* (pp. 537–554). New York: Basic Books.

第 **7** 章

布偶運用於
兒童心理動力治療

※

David A. Crenshaw、Jillian E. Kelly

前言
. . . .

　　心理動力兒童治療擁有豐富的歷史與傳統。對早期心理動力兒童治療做出重要貢獻的傑出人物有 Anna Freud、Melanie Klein、Donald Winnicott，在近幾十年，Albert Solnit 以及 Charles Sarnoff 對兒童的精神分析著作做出了重要貢獻。《兒童精神分析研究》（*The Psychoanalytic Study of the Child*）自 1945 年起持續出刊，美國這份有聲望的出版品，編輯委員包括著名的分析師 Otto Fenichel、Phyllis Greenacre、Heinz Hartmann、Edith B. Jackson、Ernst Kris、Lawrence Kubie、Bertram Lewin 以及 Rene Spitz。在英國，一開始的編輯委員包括了 Anna Freud、Willie Hoffer 以及 Edward Glover。這個著名的兒童精神分析治療期刊在 2017 年已出版第 68 卷。

　　「心理動力」（psychodynamic）一詞指的是心智內力量或影響源的互動（Mordock, 2015）。Mordock 解釋道：「相對於行為治療師把行為及可觀察的前因和後果連結起來，心理動力治療師認為行為的理由比可觀

察到的行為所透露出來的還要複雜。」（p. 66）心理動力遊戲治療師基本上會探索麻煩行為之下痛苦或惱人的感受，這些麻煩行為僅是深層、潛藏問題的症狀。

心理動力遊戲治療奠基於 Mordock（2015）所指出的四項基本假設：

(1) 症狀有其意義；(2) 兒童問題起因於內化的潛意識衝突，無法成功同化難以承受的經驗，以及無法因應發展缺陷，而這些都會顯露在遊戲當中；(3) 兒童的遊戲有其象徵性，兒童為了致力於掌握當前與過去的經驗，而將內在感覺投射至遊戲器材上（他們的象徵性遊戲提供了情緒控制及心理安全所需的偽裝和距離）；(4) 奠基於移情的想法會形塑兒童的諸多行為，這會出現在治療單元及其他地方。（p. 66）

神經科學研究（Gaskill & Perry, 2014; Porges, 2011; Schore, 2012; Siegel, 2012; Van der Kolk, 2014）強烈支持不僅心理安全讓治療有效，Van der Kolk（2014）所稱「臟器安全」（p. 79）也包括在內。因此，很重要的事情是，孩子將感受投射到布偶或其他遊戲器材所創造出來象徵的避風港所能提供的心理距離。

執行

多數人都知道，若是兒童成長在多重逆境經驗、多樣的不當對待的環境，這將會損害兒童的尊嚴，而這種損害是由羞辱、汙名、沉默三部曲所造成（Crenshaw, 2008）。對自我感覺的傷害通常以一種越來越覺得自己很糟的感覺出現，且伴隨著自我輕視以及頻繁的自我破壞行為（Crenshaw, Rudy, Triemer, & Zingaro, 1986; Gil & Crenshaw, 2015）。遊戲治療讓兒童面對的問題象徵化、外在化、迷你化（Crenshaw & Kelly,

2015），讓兒童有能力漸漸去面對原本讓人招架不住的問題。Daniel Siegel（2012）、Bessel van der Kolk（2014）及 Stephen Porges（2011）近期的工作強調遊戲治療在神經生物學方面的重要性，認為遊戲治療藉著創造、維持安全的情境使得治療工作發揮療效，並且降低再度創傷的風險。治療上的挑戰是當兒童演出他們內在經驗的戲劇遊戲時，能去尊崇並全然地與情緒的「承受範圍」（windows of tolerance）同調。兒童有其復原力，作為治療師，我們有獨特的機會在治療單元中創造能讓兒童打開復原力的時空。藉著在治療中使用一套布偶（敵意的、溫順的、動物、人、魔法生物等等），治療師提供適於兒童發展的方式來分享他們的內在世界，並且建構一個包含發生什麼事、有何感覺，以及他們所賦予意義的故事。

使用布偶的益處很多，而且出現在療程的各個階段。布偶藉由關係投入來強化遊戲治療；讓兒童面對慢慢增加的壓力（這點能強化復原力）；讓兒童發展自我安撫、自我調節的能力；協助打破秘密與否認的循環；修正認知扭曲；鼓勵情感表達；促進因應技能的探索以回到健全發展的功能；降低焦慮；增加問題解決；提升自尊與自我效能；擴大機會、使轉機最大化；強化治療以外的滋養關係；讓兒童學習從生活經驗當中找到意義。在接下來的幾個段落，作者描述了如何在療程的不同階段使用布偶。

療程開始

治療師新手與老手都發現，布偶在療程的起始階段對引發兒童興趣和建立融洽關係方面是很有用的夥伴。我（JK）在社區和之前的個案重聚有很多暖心時刻，當他們急切詢問我的布偶「協同治療師」抱抱龜、抱抱仔、餅乾妹心情如何時，我認真地聽著。即便是最貧乏的治療室，布偶都能為之增加兒童友善的氛圍，讓我們的治療空間擁有安全又好玩的調性。布偶可以用來提供適於發展、合於治療目標的心理教育，並且正常化兒童前來接受治療的感受。在療程一開始時，一般化兒童的感受，舉例來說：

「抱抱龜遇到陌生人很緊張，他躲到他安全的殼裡，他現在在裡面了，我在想不知道你會不會想跟抱抱龜說些什麼，幫助他有安全感？」可以用對兒童友善的風格運用布偶來蒐集重要資訊，以作為初始評估的一部分。作者們在依附、情感字彙、社交技能方面獲得比用問答形式的標準口語指令更多的訊息。

療程中期

布偶可以用來作為孩童世界重要部分的迷你化表徵，如此一來他們所面對的大問題可以降低它們的複雜性成為更好處理的象徵性表徵。當兒童的內在世界外在化並且縮小，它們可以讓我們知道所發生的真相。布偶也可以創造隱喻式互動的機會。隱喻是一種凝縮卻又精確的象徵性溝通形式（Mills & Crowley, 2014），它創造一種間接的深刻理解，也提供了安全的距離。當經驗或情緒讓人難以承受，透過布偶把隱喻玩出來可以創造一些機會透過遊戲來追尋及發現精熟。象徵性可以進行必要的掩飾，好讓兒童安全地重複嘗試所需精熟的事項，而不至於招架不住。接下來的案例將進一步闡述這些概念。

療程末尾

結束療程對兒童和治療師來說可能是悲喜參半的經驗。在治療關係中已經創造出來特殊的人際連結，維持了數週、數月或數年，布偶有助於結束的討論、過渡性物件的創造（像是和兒童創作小物件、指偶）。在這個療程階段使用布偶，可以提供角色扮演、練習、增強與維持習得的社交及問題解決技巧的一個平台。作者們發現，兒童被邀請扮演他們選作個案的布偶之治療師時，他們的回應都很正向，他們很能夠透過給予建議或指導的經驗提供另外一個精熟的機會，而當他們完成療程時都感覺到受到珍重且有能力。

運用布偶的實務考量

在專門的兒童治療書店可以買到布偶，我們最愛的是「Self Esteem Shop」（www.selfesteemshop.com/），Deanne Gruenberg 和她先生 Harry Gruenberg 能給遊戲治療師在購物上一些最好的選擇建議。Deanne 是註冊的遊戲治療師，對於他們所販售的書籍和治療供應品特別見多識廣。「Child Therapy Toys」（www.childtherapytoys.com）為兒童精神健康專業人士 Gary York 博士和 Jane York 所有。「Self Esteem Shop」和「Child Therapy Toys」這兩個治療供應品商店的布偶款式眾多，包括多元文化的布偶，像是人物角色還有動物布偶。布偶的價錢與品質不一，雖然貴了些，我們經驗中一些品質最好的布偶是 Folkmanis（www.folkmanis.com/18/about-us.htm）製造的，這家公司於 1976 年由 Judy Folkmanis 和 Atis Folkmanis 所成立。布偶的照顧和清理是個重要的考量，Folkmanis 布偶的詳細使用說明可以參考布偶照料的專門網頁（www.folkmanis.com/34/puppet-care.htm）。

就遊戲治療室布偶的選擇來說，作者們發現有適量的多元文化布偶和一些人類、動物、魔法布偶是有幫助的。動物布偶的部分，有鱷魚、恐龍、鯊魚這類的攻擊性布偶很重要，提供像兔子、小狗、小貓這類脆弱的布偶也是。至於人類布偶，可以選擇納入母子、父親、祖父母，以及多樣的角色布偶，像是警官、消防員、醫師、護理師、老師、法官，還有其他很多很多。魔法的布偶像是龍、仙子，可以加添魔法的動力到布偶遊戲當中。可以從下文看到布偶對於遊戲治療室演出的遊戲戲劇有多重要，兒童個案會在治療師參加會議回來後興奮地問買了什麼新的布偶，因為參加會議時廠商會在場，多數的遊戲治療師會藉機加添收藏，不過，當然沒有必要把兒童可能想到的所有布偶都買下來。

案例說明

兒童透過象徵和隱喻展現內在生活的能力非常可觀。

圖 7.1 監獄中的布偶是個給實習治療師的有力回饋，她試著按照原則執行兒童中心遊戲治療，但是以兒童的經驗來說她做過頭了。治療師在嘗試跟循和提供反映時如鸚鵡學語所造成的干擾，被這個七歲男孩鮮活地表現出來。治療師把這個回應放在心上，並且降低了這類反映的頻率。

在遊戲治療中作者們傾向採用兒童中心取向，遊戲場景、布偶通常由兒童選擇，因為我們對他們自身的療癒資源有信心，不過對於某些兒童在治療過程中所出現的某些情況，也可能選用整合取向遊戲治療（Drewes, Bratton, & Schaefer, 2011），包括使用處方式遊戲治療（Schaefer, 2001）。

圖 7.1　被監禁的鸚鵡

愛麗莎是個十歲的女孩，她的憂鬱到了需要警戒的程度，她和她七歲的弟弟看到他們繼父在盛怒下將他們母親勒死，震驚及急性創傷讓愛麗莎沒辦法將她生氣的感覺外化，這些強烈感受的內化反而讓她更憂鬱。

　　治療師決定用處方式取向，協助她讓生氣發聲、讓壓抑的生氣外化，以減緩內化的憂鬱症狀。圖 7.2 是這項介入，由馬里斯特大學的心理系學生 Stephanie Eick 重現。愛麗莎被要求把鱷魚布偶當成任何讓她生氣事物的象徵，並且跟鱷魚說她的感受。她立刻拿起塑膠棒球棍捶打鱷魚布偶，一邊對布偶喊著：「我恨你！」、「你殺了我媽媽！」、「我希望你下地獄！」這個戲劇性處方式介入成功了，在隨後數週她的憂鬱症狀明顯改善，在遊戲治療單元中她也有更多口語表達。

　　作者們最愛的一個教學案例是「蛙龜冒險」（Crenshaw & Mordock, 2005）。這個布偶冒險在安東尼五歲的時候開始，當時安東尼苦於多重

圖 7.2　鱷魚被棒打

的害怕與恐懼，其中之一是害怕針。對他和收養父母來說，這樣的恐懼
使得安東尼上學前必要的醫院預防注射成了酷刑。安東尼將他的多重恐
懼投射在烏龜（治療師）上，而青蛙布偶（安東尼）則是英勇無懼（見圖
7.3）。在被生父母遺棄後，安東尼在加勒比島被領養，在冒險中遺棄的
主題很突出，伴隨著強烈的害怕和恐懼。安東尼教治療師怎麼演烏龜，這
隻烏龜膽小、猶豫，不情願地參與這趟冒險。很明顯地，安東尼將他的恐
懼投射在烏龜布偶上，讓他有個安全的象徵距離來處理這些恐懼。

　　長達三年的兒童中心遊戲治療中，在安東尼的指導下，青蛙布偶積極
主動勸著烏龜布偶加入數不完的無畏、危險冒險，包括了搭熱氣球，降落
在遙遠的地方，被當地土著攻擊，從危急關頭中逃出，最後安全返家。在
旅程當中青蛙和烏龜遇到名為「伍史塔克」的鳥，牠從不同的星球而來，
叫青蛙還有極度不情願的烏龜啟程去看牠的星球。烏龜的猶豫象徵著安東

圖 7.3　烏龜和青蛙布偶

尼對受傷、分離還有失落的恐懼；帶牠們去飛鳥星的太空船用盡燃料，象徵著安東尼恐懼再一次被遺棄。青蛙和伍史塔克緊密合作，在太空船上發現急用燃料的備用來源，牠們最終有能力返回地球。在飛鳥星上，有外星鳥進行侵略，試圖占領星球而發生了激烈的戰爭，不過，原生鳥回擊並把外星鳥送走（藉著激烈的戰鬥象徵著憤怒與攻擊的出現）。伍史塔克也帶青蛙和烏龜回到恐龍之地，並且向牠們介紹每隻恐龍，有兩隻恐龍一開始覺得對方是敵人，但後來變成好朋友並且聚在一起（象徵著渴望與生母重聚、療癒裂痕，並且永遠的相連在一起）。在單元的最後，動物寶寶被放到牠們母親旁邊的櫃子上，這讓安東尼很緊張。

安東尼似乎在青蛙嚇烏龜的遊戲戲劇中很高興，青蛙藉著對烏龜玩著接連不斷的把戲引誘牠加入另一個高風險的冒險，包括橫越沙漠多次遇到響尾蛇。安東尼用青蛙來代表自己，隨著每個接續的冒險而得到勇氣，漸漸地鼓勵烏龜克服牠的恐懼。

青蛙和烏龜第一次相遇的故事很有趣，透過安東尼青蛙偷了烏龜的食物，於是牠們大打一架。當青蛙試著帶著食物逃跑，一根圓木倒在牠身上，而烏龜救了牠的命。牠們第一次相遇的故事將烏龜刻畫成拯救青蛙的英雄，也許這預示了青蛙將牠的恐懼投射到烏龜（治療師）上，知道治療師（烏龜）足夠強壯而能容忍這樣的投射。在治療的中期，安東尼透過他的布偶（青蛙）不再嘲弄烏龜，反而鼓勵牠漸漸去面對、挫敗牠的恐懼。最後青蛙說牠和烏龜分別的日子到了，安東尼透過青蛙宣告，烏龜不再需要他了，烏龜已經強壯勇敢到能走自己的路。

治療師很意外青蛙決定在分離之前，青蛙和烏龜將要再次拜訪冒險中一起經歷的重要去處（準備結案）。這些冒險當中最戲劇化的包括了熱氣球飛行，那一次烏龜極度不情願加入，牠們飄離航道，被迫降落在孤島上。很快地，青蛙和烏龜被土著抓住，吊掛在烤肉坑上，想著牠們將要被烤熟了。在這個駭人的狀況中，烏龜向青蛙抱怨牠將自己捲入這樣的駭人情境，並且若牠們能脫離這個島嶼活下來，牠絕對不會再跟著青蛙。青蛙臨危不亂成功掙脫，並將烏龜鬆綁，牠們倆搭著熱氣球逃離小島最後回到

家。在一起重新尋訪許多戲劇性冒險的末尾，青蛙和烏龜互道永別並各奔東西。

「蛙龜冒險」所教導最精彩的一課，就是一旦驅動象徵性遊戲場景的恐懼或衝突獲得掌控時，遊戲就失去其強制的特性。由於安東尼的創造力與想像力是少見的豐富，他沒有全然失去興趣而尋求突然的結束，反而就用遊戲戲劇的隱喻來為結案做準備，在遊戲戲劇中青蛙和烏龜在最後的分離前重訪過去的驚奇冒險並且慶祝牠們的合力征戰。

作者們一直都很敬服兒童有能力在複雜場景中修通，並透過遊戲尋得意義。在最複雜的場景中，把父母監禁起來算比較有爭議。遊戲室裡搭配著道具及布偶的一個迷你監獄，可能在第一次單元就吸引住兒童的注意力及想像力。對兒童來說，監獄可以代表非常廣泛的意義與感受，舉例來說，有一些被已入獄父母直接傷害的兒童，在將父母小物件放入柵欄後會經驗到慰藉和安全，而且可能每次單元都會檢查以確保他們還被關在那裡。因為藥物濫用或其他犯罪而入獄的父母可能會在兒童的生活當中消失又出現多次，監獄可能代表著兒童的困惑、未知、罪惡感或自責。在雷夫的例子裡，他被監禁的繼父在與他母親兩年的關係當中，曾在肢體與情緒上虐待她，以至於他還有同母異父的弟弟受到驚嚇。雖然他的繼父有時盛怒，但繼父偶爾也是樂趣和依戀的來源，這也給雷夫帶來混雜的感受，特別是焦慮，因為雷夫必須時常面對繼父的缺席（入獄）以及出獄後重返社會。

有好幾次單元，雷夫玩布偶、監獄、代用的復健中心（用椅子）以及道具（包括手銬）的遊戲不斷推陳出新。一開始雷夫藉由演出警察的角色把許多壞人布偶鎖起來，以表達他對繼父的憤怒。很快地，雷夫警察注意到了一個壞人龍布偶。其他的布偶仍然在監獄裡，雷夫開始一對一地教龍怎麼樣照顧別人，怎麼樣透過文字表達情感而非透過暴力，並且探索有沒有其他人能信任龍，以便雷夫決定是否將他從監獄釋放。

　　圖 7.4 是雷夫所創造的監獄，上層是為「壞人」所保留，底層的功能是讓龍學雷夫所教導新行為的處所。當釋放的日子迫近，龍穩定地一個單元接著一個單元，來來回回地朝著他的低層「回到大街」有所進展。療程沒有在此就結束，在這個階段布偶的使用讓雷夫開始處理他對繼父混雜感受的旅程，創造機會來增強警官在社區中幫助所有兒童和家庭，幫助他

圖 7.4　雷夫擺放的監獄／復健場景

自己面對必然的團圓，同時也分享人的行為可以改變的信念，並試著了解「壞」不是天性使然。後者特別對雷夫和他同母異父弟弟之間的連結有幫助。在雷夫的遊戲當中，復原、良善、人的行為為惡但內在有向善的潛能，這些信念是核心且重要的主題，而這全部都有賴布偶的幫忙。

作者們也成功使用布偶與言語表達困難的兒童工作，而這樣的困難可能是由於受創傷所造成的深度痛苦（van der Kolk, 2014），或因為實際上的語言障礙。迪娜六歲，被小兒科醫師因適應障礙而轉介來接受治療。她苦於焦慮，電視新聞節目播報到她家鄉的消息時會發現她的心跳加速；她的憂鬱心情則表現在食慾不振、睡眠問題、每天都會哭泣。這孩子近期從戰爭踩躪的葉門搬至美國，她搬到美國這個父親擁有公民身分的地方，但卻必須將母親留在原來的地方。母親是她主要的依戀對象，這個失落對迪娜來說難以承受。迪娜擔心媽媽的安危，渴望日常活動以及曾經熟悉生活的慰藉，希望能夠如往常的夜晚一樣跟母親共享餐點。迪娜在治療當中很慢熟，不過這也可以理解，因為她正在適應新的地方、新的語言、新的周遭人們。在評估中從她父親那裡得知迪娜渴望母國的食物、母親的陪伴，以及好幾年來每天從事的日常活動，於是治療師放了一些塑膠食物玩具、小毯子，還有好幾個布偶。有好幾次單元，迪娜創造了與布偶野餐的同樣場景，用美妙的母語和布偶溝通，也在用餐過程中藉著溫柔地戳弄、餵食、擁抱每個布偶來和他們進行非口語溝通。圖 7.5 顯示迪娜的最後一次單元，她用一對烏龜（迪娜和媽媽）以及鹿（治療師）為媽媽、妹妹還有治療師準備一頓飯。透過布偶的使用，迪娜可以創造一個儀式來幫助她適應新家，同時與在葉門的母親有所連結，並且能夠表達對她的愛。

圖 7.5　迪娜擺放顏色鮮豔的野餐

總結

　　兒童的足智多謀令人難以置信，他們善用手邊的東西，像是從襪子、手套、烤箱手套，還有所有能在遊戲室找到的材料做出布偶！我們希望你也能考慮邀請一些布偶創意進入你的實務當中。就如在愛麗莎、安東尼、雷夫、迪娜的故事中所見，當布偶加入到安全、滋養及溫暖的遊戲治療環境，治療師和兒童所能前往之處真的是無邊無際。

 **參考文獻**

Crenshaw, D.A. (2008). *Therapeutic engagement with children and adolescents: Play, symbol, drawing and storytelling strategies.* Lanham, MD: Rowman & Littlefield Publishers.

Crenshaw, D., & Kelly, J. (2015). Dear Mr. Leprechaun: Nurturing resilience in children facing loss and grief. In D. A. Crenshaw, R. Brooks, & S. Goldstein (Eds.), *Play therapy interventions to nurture resilience* (pp. 82–106). New York: Guilford Press.

Crenshaw, D., & Mordock, J. (2005). *Understanding and treating the aggression of children: Fawns in Gorilla Suits.* NY: Jason Aronson Inc. Publishers.

Crenshaw, D, Rudy, C., Triemer, D., & Zingaro, J.C. (1986). Psychotherapy with abused children: Breaking the silent bond. *Residential Group Care & Treatment, 3*(4), 25–38.

Drewes, A. A., Bratton, S. C., & Schaefer, C. E. (2011). *Integrative play therapy.* New York: Wiley.

Gaskill, R. L., & Perry, B. D. (2014). The neurobiological power of play: Using the neurosequential model of therapeutics to guide play in the healing process. In C. A. Malchiodi & D. A. Crenshaw (Eds.), *Creative arts and play therapy for attachment problems* (pp. 178–196). New York: Guilford Press.

Gil, E., & Crenshaw, D. (2015). *Termination challenges in child psychotherapy.* NY: Guilford Publications.

Mills, J. C., & Crowley, R. J. (2014). *Therapeutic metaphors for children and the child within* (2nd ed.). New York: Brunner-Routledge.

Mordock, J. B. (2015). Psychodynamic play therapy. In D. A. Crenshaw & A. L. Stewart (Eds.), *Play therapy: A comprehensive guide to theory and practice* (pp. 66–82). New York: Guilford Press.

Porges, S. W. (2011). *The polyvagal theory: Neurophysiological foundations of emotions, attachment, communication, and self-regulation.* New York: Norton.

Schaefer, C. (2001). Prescriptive play therapy. *International Journal of Play Therapy, 10*(2), 57–73.

Schore, A. N. (2012). *The science of the art of psychotherapy* (Norton Series on Interpersonal Neurobiology). New York: Norton.

Siegel, D. J. (2012). *The developing mind: How relationships and the brain interact to shape who we are (2nd edition).* New York: Guilford Press.

Van der Kolk, B. (2014). *The body keeps the score: Brain, mind, and body in the healing of trauma.* New York: Viking Press.

第 8 章

阿德勒治療取向中的
布偶遊戲

※

Kristin K. Meany-Walen

　　運用阿德勒理論的遊戲治療是一個很受歡迎的取向，包含了許多有助於兒童邁向療癒和適應的介入方式。布偶的使用是遊戲治療師介入兒童的一種方式。本章提供了阿德勒遊戲治療（Adlerian play therapy, AdPT）背景簡介，接著說明從阿德勒的觀點執行布偶遊戲的實用方法，並且以案例研究作為總結，該案例中阿德勒取向治療師在整個遊戲治療歷程都使用布偶遊戲。

阿德勒遊戲治療理論概要

　　阿德勒理論是 Alfred Adler 在 1900 年代初期所發展出來的，涵蓋了他對於人格發展以及改變歷程的信念。1980 年代，Terry Kottman 融合了她認為與兒童工作時重要且必要的信念以及阿德勒的想法，創造了阿德勒遊戲治療。如今，根據美國物質濫用和精神衛生服務管理局（Substance Abuse and Mental Health Services Administration, 2017）認證，阿德勒遊戲治療是一個有實證基礎的實務工作，也在遊戲治療領域中具有帶頭地位的取向（Lambert et al., 2007）。以下是阿德勒理論和阿德勒遊戲

治療簡明扼要的概述。如果對於理論和實務想要有更透澈的解釋，我推薦你閱讀《遊戲中的夥伴——阿德勒取向的遊戲治療》（*Partners in Play: An Adlerian Approach to Play Therapy*，中文版由心理出版社出版）（Kottman & Meany-Walen, 2016）。

　　阿德勒遊戲治療的基礎有幾個重要的概念。首先，人們鑲嵌於社會之中（socially embedded），而且有歸屬（belonging）的需求。如果不了解人們的社會脈絡，就無法了解他們。他們以自己認為（有時候無意識）的歸屬方式在人際關係中運作（Kottman & Meany-Walen, 2016）。舉例來說，一個經常獲得家人「讚揚」聰明的兒童，他們就會以這種因為聰明而獲得關注的方式來表現（在學校表現良好、想出聰明的主意、炫耀成績等）。藉著成為冒險者而受到關注的兒童也會以保持這種狀態的方式表現。第二，所有的行為都是有目的的，這個行為的目的是要確保歸屬感和重要性，或者獲得其他的需要。這個行為的目的經常超出了個案的意識，而且在沒有提高個案覺察的介入之下，是不可能改變的。舉例來說，如果這個冒險者兒童從這些行為模式獲得關注或權力，這個兒童將會持續參與這些行為，這些行為可能變得很危險。如果能夠以不同的方式（當一名幫手、創造者或運動員）獲得關注（或者任何定義的需求），這個兒童也許能夠降低他對冒險的需求，因為冒險再也不是唯一能滿足他的需求的方式。第三，人們發展人格優先順序，它是存在與歸屬的一致性方式，能創造出可預測性及安全性（Kfir, 2011）。第四，Lew 和 Bettner（2000）將重要 C 信念定義為兒童用來滿足生活需求的資產；兒童們擁有這些特質比較能成功地適應挑戰。這四個重要的 C 信念是：有連結（connect）、有價值（count）、有能力（capable）和有勇氣（courage）。第五，也是最後在這個章節裡描述的觀念是社會情懷（social interest）。社會情懷是指與他人建立連結，並以有助於社會改善的方式表現出來的一種感知能力（Adler, 1927/1998）。

　　阿德勒遊戲治療依循四個諮商階段：(1) 建立一個合作與平等的關係；(2) 探索兒童的生活型態；(3) 協助兒童獲得洞察；(4) 重新導向／

重新教育兒童以一種更有創造力的方式去思考和表現行為（Kottman & Meany-Walen, 2016）。在第一個階段裡，個案和治療師一起建立一個以信任、合作和平等為特徵的關係。治療師努力創造一個讓兒童感到被看重和有價值的環境。在進入下一個階段之前，治療師要確保他們的關係有一個穩定的基礎。

在阿德勒遊戲治療的第二個階段，治療師努力去了解兒童生活型態（lifestyle）的獨特品質。根據阿德勒的後繼者 Maniacci、Sackett-Maniacci 和 Mosak（2014, p. 66）的看法，「生活型態就是運用個性、特質、氣質以及心理和生物歷程，以便在社會生活的環境中找到自己的位置。」總之，生活型態是人們相信他們歸屬的方式，以及伴隨那些信念而採取的行動。生活型態是非常一致的。治療的目標並不需要去改變生活型態，而是去了解這個生活型態，因而介入方式和改變的目標可以被調整去滿足及回應兒童個體存在的方式。治療師根據第二階段得知的訊息進行概念化，並且為這個個案制定一個治療計畫。

第三階段是致力於協助兒童獲得洞察（Kottman & Meany-Walen, 2016）。遊戲治療師主動引導遊戲和活動，目的在於引發兒童的洞察以及更深入了解他（她）的思考、感覺、行為，以及與人互動的模式。治療師在歷程中使用適性發展的回應，以及特別設計的介入方式來提供協助。協助兒童了解這些模式，使得兒童做出關於自己是否改變以及如何進行改變的明智決定。

最後，遊戲治療師和兒童一起參與重新導向兒童，朝向健康、可適應，以及社會可接受的存在方式。治療師可以教導新的技巧、角色扮演、讓兒童加入一個遊戲治療團體，或參加其他可協助提供機會給兒童學習和練習新技巧的遊戲活動。從家長、老師，和其他兒童生活中的重要他人打聽到的回饋也被用來監督兒童的進展和改變。

阿德勒遊戲治療師將成人或兒童的家庭成員納入整個遊戲歷程。他們和其他成員遵循同一個治療階段，以便協助從多個角度了解兒童，為兒童的正向改變創造一個最理想的環境和關係，並評估做出的改變。此外，因

為阿德勒的理論主張人們是鑲嵌於社會的,即每個人會在與另一個人的關係中做出有意義的連結,當這個兒童改變了,所有其他的關係也會改變,家人或師生之間關係的持續調整會因進展而獲得處理及評估。

執行

　　阿德勒遊戲治療的本質使得在治療過程中有無限的方法去執行和運用布偶。這個理論中的介入彈性取決於治療師和兒童的創造力。然而,對某些治療師而言,缺少具體及精確的介入方法可能會讓他們感到不知所措。我列出阿德勒遊戲治療單元裡實施布偶遊戲的幾個重要考量和想法,但我鼓勵讀者們思考如何使用布偶與他們當前或未來的個案工作。以下的想法可以加以調整和改編,以滿足個案獨特的需求。

　　治療師收集的布偶必須要能引出各式各樣的感覺,並且允許一系列的創意表達(參見表 8.1 的類別清單)。請記住,不要要求個案以任何特定的方式去使用布偶,但是這些類別協助治療師們確保他們有一系列的布偶可供個案使用。

表 8.1　布偶類別

人物	動物	幻想	安全／保護	角色
男性／女性	恐龍	三頭龍	消防員	松鼠(小嘀咕)
年輕／年老	熊	巫師	醫生	哈利波特
不同膚色	鳥	國王／皇后	警察	粉紅豬小妹(佩佩豬)
	臭鼬	王子／公主	老師	艾蒙(《芝麻街》裡的
	小狗／貓	小丑		紅色絨毛怪獸)
	蛇	獨角獸		
		女巫		

　　阿德勒遊戲治療師的介入是先有目標再經過特意設計。布偶介入的四個首要目標是：(1) 協助建立或強化個案和治療師之間共同合作的關係；(2) 調查和蒐集更多關於兒童生活型態的資訊；(3) 協助兒童獲得對於生活型態的洞察；(4) 教導和練習新的技巧、態度或信念。在布偶遊戲中，阿德勒遊戲治療師也使用不同程度的指導。

　　在階段一：建立平等的關係，治療師可以使用布偶來介紹他（她）自己。例如：「嗨！馬可斯，我是企鵝，很高興認識你。我注意到你穿著一件怪獸卡車的襯衫，我真的很喜歡怪獸卡車的襯衫。」治療師可以指示個案去挑選一個布偶，然後讓布偶和布偶對話。治療師可以注意關於布偶、兒童、來治療的原因等等；兒童也可以問治療師或治療師的布偶一些事情。

- **介紹**：個案可以用布偶介紹他（她）自己給治療師，或者治療師也可以用布偶介紹自己給個案。治療師自我介紹的例子可以像這樣：「嗨，瑞秋，我是柔伊斑馬，我有許許多多的條紋。有時候我用我的條紋來融入環境，而有時候我用我的斑紋來凸顯我的與眾不同。你知道所有的斑馬都有不同的斑紋嗎？」治療師可以邀請兒童挑選一個布偶然後將這個布偶介紹給他（她）。雖然不是絕對必要，但是提醒個案介紹這個布偶，而不是他（她）自己，可能會有些幫助（類似柔伊斑馬的例子）。

- **主述議題的描述**：治療師可以使用布偶來描述主述議題，或者和個案進行一個與議題有關的對話。例如，治療師挑選烏龜布偶，然後說：「我是提摩太烏龜，最近我一直感覺到很傷心而且很困惑，因為我的媽咪跟爹地不再住在一起了。我以前都會從殼裡出來，但是最近我一直感到很害怕，我只想要躲在我的殼裡面。我覺得很無聊並且一直哭。當我在遊戲治療的時間裡，我可以和克莉絲汀小姐一起玩和說話，這樣讓我感覺好一點了。」

- **關於遊戲治療歷程的解釋**：和前面的描述類似，用布偶來做解釋。治

療師邀請兒童進入一個對話或只給訊息。治療師使用巫師的布偶（而且用神秘、有磁性的聲音）說：「我是巫師麥克威勒桑，我在這裡要告訴你所有關於遊戲室和遊戲治療的事情。有三件事你必須要知道：(1) 你可以用很多你喜歡的方式玩這些玩具；(2) 有時候由你決定我們要在這裡玩什麼，而有些時候是克莉絲汀小姐來做決定；(3) 克莉絲汀小姐的工作是確保你在這裡很安全，所以如果你告訴她有人正在傷害你，她就必須要跟可以幫助你的人說（這裡可以對隱私做適性發展的說明）。你對這些規則有什麼樣的看法呢？」如果有討論事項，治療師可以決定什麼時候要使用巫師進行對話，以及什麼時候要以治療師的身分來回應。

在第二個階段探索兒童的生活型態，治療師致力於了解兒童的錯誤信念（Kottman & Meany-Walen, 2016; Mosak & Maniacci, 1999）、行為的目的（Dreikurs & Soltz, 1964）、人格優先順序（Kfir, 2011; Kottman & Ashby, 1999）、重要 C 信念（Lew & Bettner, 2000），以及家庭氛圍／家庭星座（Kottman & Meany-Walen, 2016）。治療師關注兒童是如何做決定及解決問題、兒童的資產和覺知的資產，以及兒童如何在不同的情況下發揮功能（例如：和其他兒童的相處、在學校的狀況、和大人的互動等）。治療師在這個階段裡可以少一點指導，他（她）的主要角色是安排或建議一個布偶表演的主題。治療師可以指示個案單獨、和兄弟姊妹或家庭成員，或者和治療師一起從事一段表演。這個決定是根據治療師想要知道什麼，以及治療師已經知道多少有關這個兒童和他（她）的情況。

• **家庭溝通**：治療師指示個案為家庭中每一個成員選一個布偶，而且一次只有二到三個布偶一起討論。治療師要留意兒童指定哪一個布偶當哪一個家人，以及是否有任何家庭成員被排除。治療師也試著去了解家庭成員是如何溝通，以及他們溝通了哪些事情。值得注意的是，要確認在這個家庭中誰在爭吵、誰支持另一方、誰是同盟、誰是領導者、誰得逞了，或者在這個房子裡誰有權力、誰沒有權力等等。在家

庭單元時間裡，每一個家庭成員可以選擇他（她）自己的布偶，然後
和另一個家庭成員進行對話。

- **布偶創作**：在這個技術裡，個案不會選擇一個現成的布偶，而是他
（她）要創造一個布偶來代表他（她）自己或其他人，或者是某個可
以讓事情變得更好的人。這個布偶可以用來作為其他的布偶介入之
用，或者可以重複客串出現在整個遊戲治療的歷程裡。

- **創造一則故事**：指示個案創造一個有開頭、中間和結尾的故事（年紀
較小的兒童比較難以完成這個任務），或者一個有問題需要解決的
故事。兒童負責發展故事情節，如果個案邀請，治療師也可以共同合
作。遊戲治療師從中發掘以下的一些例子，包括個案如何辨識問題、
如何嘗試解決問題、他（她）有什麼資產以及利用哪些資產，以及有
誰涉入這個問題或解決方法。

在第三階段協助兒童獲得洞察，治療師主要的目標是擬定介入方式來
協助個案增加他自身如何發揮功能的覺察。這些包括前面所描述個案的資
產、行為目的，以及其他生活型態的層面。在這個治療的階段，治療師比
較具有指導性，而且有時候會突然插入想法，或者將情節轉換成可以協助
個案克服或表達特別議題的故事。

- **旅遊同伴／明智巫師**：旅遊同伴和明智巫師可以搭配任何故事，不用
成為主要的人物。當被要求，或者當這個布偶認為他（她）有一些有
價值的東西可以提供給這故事的角色，治療師就可以引進這個布偶作
為某個可以提供忠告的人物。在一個兒童沒有辦法以健康的方式去解
決問題的故事裡，巫師就可以加入這故事，然後說：「艾莉，我記得
妳很擅長解決難題，我打賭，如果妳對問題感到困惑，妳可以將這些
線索擺在一起，去想出解決的辦法。」或者說：「里歐，當你從這條
河跳過去的時候，你忘記了你的朋友、臭鼬，還有熊。你似乎完全忘
記了你的朋友們，而他們為此感到傷心。」

- **改換自我**：改換自我（alter ego）是類似一個體育播報員或一個故事

的敘述者（或個案生活中的其他人），他表達個案潛藏的感覺、動機
或擔憂，並且在單元裡用口語表達出來。改換自我可以是（也可能不
是）遊戲裡的一部分，主要的目標是對個案做後設溝通。孔雀布偶是
一個例子，它對一個經常做工藝品給她媽媽的個案說：「我猜你喜歡
帶著這些，因為你希望讓你媽媽快樂。」布偶可以對著個案說話、對
另外一個布偶說話，或者對治療師說話。治療師和布偶可以有一個簡
短的對話。在上述的例子裡，治療師就可以回應這個孔雀說：「我知
道不管怎樣她的媽媽都非常愛她，而且有時候小孩子擔心他們會讓父
母失望，所以他們就非常努力來讓父母快樂。」

阿德勒遊戲治療的最後階段是重新導向／再教育，聚焦於協助兒童在
不同情況下以不同的方式思考和行動。治療師評估兒童的改變是依據個
案、兒童生活中的重要他人（例如家人及老師）的回饋；觀察兒童在遊戲
治療單元裡行為、態度和感覺的改變；以及（或者）觀察兒童在其他場所
（例如等候室或學校）的行為。

• **比賽節目的布偶**：個案挑選一個準備參加遊戲節目挑戰賽的布偶。治
  療師可以扮演比賽節目的主持人，或用一個布偶來演這個角色。治療
  師也選擇一個布偶當作參賽者，治療師的布偶是當兒童無法知道答案
  的時候，可以用來提供正確的答案，鼓勵兒童，以及偶爾提供不正確
  的答案給主持人。用比賽節目的音樂來開始比賽會很好玩，或者用某
  種蜂鳴器來表明布偶準備要回答問題了。這些問題應該依照兒童的狀
  況來設計，下列是一個在學校裡行為不良的兒童例子。主持人：「歡
  迎參賽者們，我現在要問你們問題，而你們要盡量提供一個正確答
  案。假如你們提供的答案不正確，你們需要一起合作想出一個正確的
  答案出來。開始！當你們看到一個同學惡意對待另一個同學時，請舉
  出應該怎麼做比較好。」或者：「當你被其他的小孩子插隊的時候，
  描述一個怎麼做比較好的行為方式。」

- **預先設計的布偶遊戲**：在這個技術裡，治療師（或父母、老師）使用布偶演出或說出一個類似兒童經驗及情況的故事，在其中兒童經歷了困難。目標是協助兒童看到做事情的新方式，並且隱喻式地預備未來的事件（例如，要去新的學校、要去探視爸爸或媽媽、要和新保母相處）。假如兒童將要和一位新的保母相處，大人（治療師、父母或老師）就進行一個遊戲，在遊戲當中有一個媽媽和（或）爸爸布偶，另一個兒童布偶，還有一個保母布偶。媽媽和（或）爸爸布偶向兒童布偶強調他們要去吃晚餐和看電影，他們將會在七點半到八點之間打電話回來，而且回家時兒童已經在睡覺了。保母布偶來敲門，媽媽和（或）爸爸布偶很興奮的開門，並協助保母跟兒童開始玩遊戲。兒童布偶表現得既興奮又焦慮（或者是他們認為兒童會有怎樣的行動或感覺）。媽媽和（或）爸爸布偶對他們說再見、擁抱、親吻，並提醒兒童這個計畫。媽媽和（或）爸爸離開，然後兒童布偶跟保母布偶很開心的玩。媽媽和（或）爸爸布偶打電話回來確認、兒童布偶去睡覺、父母回到家，然後保母布偶離開。兒童醒來時感到快樂。這個角色扮演可以重複幾次，以便增強這個歷程。兒童可以接手這個兒童布偶的角色或其他布偶的角色。促進這個技術的成人可以使用其他的布偶來增強成人期待兒童出現的行為，同時幫助兒童減輕焦慮。

- **角色改換**：這不是一個特定的技術；更確切的說，它是重複使用任何上述的介入或治療師可能特別喜歡的策略。這個技術的目的是讓兒童能夠表達他（她）對特定情況的反應，或是展現在態度、信念和行為上的改變。治療師評估兒童的改變、提供資訊、鼓勵，或確認兒童所做的改變。舉例來說，個案可能透過談論這個議題已經有怎樣的改變這種方式來描述主述議題。在布偶創作中，治療師可以記錄下任何創作或布偶描述的改變。在治療師提出問題的故事裡，兒童可以創造一個新的故事，或是當一個明智巫師。

案例研究

········

　　這個案例是根據多個案例和虛構細節所彙編而成，以便隱藏真實身分。蒂芬妮今年六歲，小學一年級，是一個歐裔美國籍的女孩。她的父親（傑瑞米）決定帶她來諮商，因為他擔心家庭動力造成蒂芬妮的攻擊和古怪行為。傑瑞米是蒂芬妮的養父，蒂芬妮是他唯一的小孩。她的生母（蘿倫）和傑瑞米在六個月前分手，因為蘿倫被發現和一名女子有外遇。傑瑞米和蒂芬妮搬到同一個都市裡的一間新房子住。根據傑瑞米的說法，蒂芬妮在家的時候並沒有出現過大聲叫囂或是攻擊行為。蘿倫並不想要扶養蒂芬妮，只想要偶爾來看她的女兒。

　　在我和蒂芬妮第一次見面時，我使用一個布偶介紹我自己，並且邀請她也這麼做。我用了一個綿羊布偶，因為我知道她非常喜歡農場的動物。我說：「嗨，蒂芬妮，我感到有一點點咩咩咩害羞（好玩的綿羊聲音），但是我非非非常高興妳來這裡，而且我很開心認識妳。我要來告訴妳一點點有關於遊戲治療和一點點有關於克莉絲汀小姐。妳可以選擇使用布偶或者由妳自己來向我做自我介紹！」當我繼續進行的時候，蒂芬妮用膽怯和不確定的眼神看著我。「很多兒童感到傷心、生氣、困惑、害怕或受傷的時候，會來這裡和克莉絲汀小姐一起玩。有時候我也有那些感覺，然後我來到這裡玩遊戲和說說話。有好多次在我離開遊戲室的時候，我覺得比較好了。克莉絲汀小姐是一個很好的大人，她有時候讓我選擇要玩什麼，有時候她決定我們要玩什麼，她讓我們嘗試許多有趣的玩法。現在由妳告訴我們一點點關於妳自己的事情。」

　　蒂芬妮選擇了一個三頭龍，然後說：「我是蒂芬妮恐怖龍。我今年一年級，我非常聰明而且我有金色的頭髮。」

　　綿羊說：「咩咩咩，蒂芬妮恐怖龍，我注意到妳和克莉絲汀小姐有同樣顏色的頭髮，妳們兩個可能有許多共通點。」龍和綿羊簡短地繼續這種對話，然後開始進行其他的遊戲活動，目的在於建立治療關係。

在第二階段的第三單元裡，蒂芬妮要求再玩布偶遊戲。蒂芬妮和我一起決定要編造一個關於三頭龍的故事。

蒂芬妮：我看起來很可怕，而且有時候我很生氣。人們總是認為我很壞，而且惹了很多麻煩。大部分的時候都不是我的錯，我卻因為其他的孩子頑皮而被罵！

綿羊　：我敢說當妳因為別的孩子的行為被罵的時候，妳一定非常生氣。

蒂芬妮恐怖龍：是啊！而且我的老師很壞！她非常討厭龍，那就是她對我那麼壞的原因。

綿羊　：當他們受到不公平對待時，即使是龍也會感到傷心。我想知道龍在家裡是不是也會惹麻煩？

龍　　：不會！龍在家裡不會惹麻煩。就算他們吐煙或噴火的時候，媽咪跟爹地都一樣愛他們的孩子。

綿羊和龍以這些角色和布偶進行對話。也就是，我和兒童停留在隱喻裡，而不直接將這個遊戲對應到蒂芬妮的生活中。從我和她父親例行的會晤當中，我了解到蒂芬妮在學校的行為比在家裡還要古怪。她的老師是一位與她的媽媽有類似身體特徵的女性。在蒂芬妮和她的媽媽共度一天之後，這些行為更加明顯，不過這樣的會面並不是很頻繁，而且時間也不一致。我們討論到一致性的重要性，以及在她回家後，他可以支持她的方式。

在接下來的幾個單元以及進入第三階段之後，綿羊成為遊戲室活動中一個固定的人物，蒂芬妮經常要求直接對她說話。綿羊扮演著改換自我的角色，並且經常是整個單元裡進行後設溝通的聲音。綿羊使用的一些語句範例像是：「龍〔注意，『恐怖』已經拿掉了〕，有時候妳覺得生氣，然後妳會噴出火來。要知道什麼時候會爆發，以及要如何控制妳自己可能是很難的一件事。」或者，「當妳想念妳的媽咪，妳的肚子就會覺得翻滾，就像火山一樣。唯一可以讓妳覺得比較好的方法，就是爆發。」或者，

「妳很高興擁有爹地，而妳仍然想念妳的媽咪。」或者，「妳很擔心妳的爹地也會離開妳。」或者，「我在想是不是當妳對妳的朋友們很壞的時候，妳就不需要擔心他們會對妳很壞。」

我持續與她的爸爸一起工作，以協助他誠實地、適性發展地處理蒂芬妮的感覺，以及他跟蘿倫之間的問題。我們討論了幫助蒂芬妮在學校適應的方法，以及和老師們進行溝通的方式，還有她在課堂上與她的朋友相處上可能有幫助的策略。我教他和蒂芬妮做一些預先設計的遊戲；傑瑞米也開始他自己的諮商，這樣可以協助他在歷程中照顧他自己。

在我們進入到阿德勒遊戲治療的最後階段時，綿羊能夠用有幫助的策略教蒂芬妮和龍。例如，綿羊說：「嘿！龍，我知道當我感到膽怯的時候，有些方法可以幫助我。我慢慢地透過我的鼻子吸氣，然後透過嘴巴吐氣。讓我們來試試看！聞一聞這個蛋糕（吸氣），然後把蠟燭吹熄（吐氣）。」他們練習了幾次，然後在接下來的單元中都採用了這個策略來強調該技術。我也和傑瑞米談到在家裡和在學校使用這個技術。綿羊也評論了蒂芬妮的進展：「我注意到妳以前在感到挫折的時候，妳都會放棄，還會丟東西。現在妳大多時候不會這麼做了。擊掌！」

因為蒂芬妮和傑瑞米真的很喜歡這種預先設計的布偶戲，傑瑞米變成了消防員布偶。我邀請龍、消防員和綿羊一起進行最後一次單元。他們輪流說故事和互動，每一個布偶也都有機會告訴其他布偶有關自己對其他布偶的喜歡和感謝。

總結

阿德勒遊戲治療可以提供對個別個案富有創意、有回應的介入方式，方法有指導式，也有非指導式。在治療歷程當中，根據遊戲治療的階段以及個案的興趣，治療師決定在什麼時候以及如何使用布偶。本章概述的介入方式僅僅是建議而不是配方，目的是讓讀者們將這些想法當作思考的起點，並且將他們自己的創造力和個案的獨特性融入這個布偶介入。

參考文獻

Adler, A. (1998). *Understanding human nature.* London, England: Oneworld Oxford. (Original work published in 1927).

Dreikurs, R., & Soltz, V. (1964). *Children: The challenge.* New York, NY: Hawthorn/ Dutton.

Kfir, N. (2011). *Personality and priorities: A typology.* Bloomington, IN: Author House.

Kottman, T., & Ashby, J. (1999). Using Adlerian personality priorities to custom-design consultation with parents of play therapy clients. *International Journal of Play Therapy, 8*(2), 77–92.

Kottman, T., & Meany-Walen, K. K. (2016). *Partners in play: An Adlerian approach to play therapy* (3rd ed.). Alexandria, VA: American Counseling Association.

Lambert, S. F., LeBlanc, M., Mullen, J. A., Ray, D., Baggerly, J., White, J., & Kaplan, D. (2007). Learning more about those who play in session: The national play therapy in counseling practices project (phase 1). *Journal of Counseling & Development, 85*, 42–46. doi:10.1002/j.1556-6678.2007.tb00442.x

Lew, A., & Bettner, B. L. (2000). *A parent's guide to understanding and motivating children.* Newton Centre, MA: Connexions Press.

Maniacci, M., Sackett-Maniacci, L., & Mosak, H. (2014). Adlerian psychotherapy. In D. Wedding & R. J. Corsini (Eds.), *Current psychotherapies* (10th ed., pp. 55–94). Belmont, CA: Thomson Brooks/Cole.

Mosak, H., & Maniacci, M. (1999). *A primer of Adlerian psychology.* Philadelphia, PA: Brunner/Mazel.

Substance Abuse and Mental Health Services Administration (SAMHSA). (2017). *Adlerian play therapy.* Retrieved from http://nrepp.samhsa.gov/ProgramProfile.aspx?id=160

第 9 章
焦點解決短期治療中的
布偶遊戲

❋

Elsa Soto Leggett

　　「焦點解決短期治療」（solution-focused brief therapy, SFBT）也稱為焦點解決諮商，在學校、機構、醫院這些不同的環境中使用來與兒童、青少年、成人、家庭工作，具有彈性、短期、有效的能力。它認可個案的優勢與能力來產生改變，並創造變化來發展更令人滿意的生活（Bond, Woods, Humphrey, Symes, & Green, 2013; Corcoran & Stephenson, 2000; Leggett, 2009）。焦點解決短期治療（SFBT）使用特色問句來幫助聚焦在個案想創造的改變。諮商師傾聽個案的話並理解它們的意義，然後使用個案的關鍵字、措辭來問出這些招牌問句。意義與言詞的交換創造了諮商師和個案間的合作，引導至新的思考並且共構新的和（或）替代的意義，這個新的思考創造了一條通往改變與解方的康莊大道（Leggett, 2017; Trepper et al., 2008）。SFBT 多樣的成分是隨著時間推進在建造的。問題描述能讓個案說出他的故事，但是會花比較少的時間來探索問題，這樣諮商師就有機會：(1) 將個案重新定向到問題；(2) 找尋其他的線索，像是其他人怎麼知覺問題處境；(3) 留意改變（Gillen, 2011）。一來一往的問答間，目標就被陳述得很清楚。奇蹟問句幫助個案看到超越現在、問題之外的事情，看向未來；個案運用想像力設想問題不發生的時候。關係問句揭

示對個案重要的人事物。這些問句讓奇蹟看起來更清楚、和平常有什麼不同、誰注意到這些不同，幫助個案讓沒有問題的未來或是比較好的處境更加清晰可見。探索個案問題或處境的例外也是關鍵的成分，例外是過去奇蹟已經發生的時候，或已經在個案的生活中出現，是問題沒有發生或者比較不常發生的時候。要幫個案認出例外，Murphy（1994）建議五種方法：(1) 引出問題不在的時間；(2) 精緻化這些時刻的特色和狀況；(3) 擴大例外到其他脈絡；(4) 在奇蹟的目標和細節基礎上評估例外；(5) 賦能個案來維持一段時間的改變。解決方案訊息是 SFBT 歷程的最後一步，這最後一步提供個案了解一個主要的關鍵訊息（Nims, 2011）。

焦點解決遊戲治療

　　兒童或青少年傾向透過非口語方式來表達自己，因此 SFBT 談話治療可能會有些限制。此外，年幼個案可能沒辦法在認知上了解一些抽象概念，像是奇蹟或者目標。很多時候年幼個案回應治療介入的能力可能僅限於他的發展功能水準脈絡，諮商師不應該強要個案回應超過他當前發展水準的問題。跟年幼個案工作的諮商師在想怎麼服務好這些年幼族群的時候，常常會讓個案的需要去配合特定的諮商模式。要促進個案在思考、情感、行為方面做出口語與非口語表達，有必要考量為兒童和青少年特別設計治療取向，將談話與遊戲加以結合運用。藉著用更多的治療彈性來擴展基本 SFBT 模式，讓年幼個案的需要可以被妥善地處理（Leggett, 2017; Nims, 2011）。焦點解決遊戲治療（solution-focused play therapy, SFPT）提供一個有效的整合來滿足年幼個案的需要。在顧及 SFPT 彈性的同時，諮商師可以看到如何成功地將 SFBT 的特色成分整合到遊戲當中。

● 焦點解決遊戲治療

　　SFPT 延伸了基本的焦點解決模式，並提供口語和非口語的表達方法。SFPT 使用 SFBT 的特色問句和體驗活動來幫助聚焦在個案如何能改

變，也意味著容許依照個案的需要來調整。進一步來說，這增加了諮商師和個案之間的溝通，同時又促進關係（Leggett, 2009）。遊戲治療中的基本體驗活動包括繪本、文學、繪畫、預先選好的玩具、布偶、沙盤等，可以作為對話的媒材（Leggett, 2017; Nims, 2011），這些媒材的使用幫助個案為新的思考方式打地基，同時與諮商師共同建構朝向改變及解決方案的行動（Trepper et al., 2008）。SFPT 的設計要心懷個案的特殊細節，包括需求、處境、問題、發展水準、文化與多元性。

布偶在焦點解決歷程中的運用

在 SFPT 當中使用布偶可以創造出問題或處境與個案之間的情緒距離，這段距離可以減少個案可能體驗到的恐懼、愧疚、膽怯，還有其他各種感覺，也讓個案向外投射他對衝突的感受，將問題外化（Alter, 2001）。個案應該能取得多樣的布偶，有些諮商師會自製手套布偶；多樣的裝飾可以增加布偶的表現，像是湯匙、鉛筆，還有手工紙創作。同樣地，各式各樣的尺寸也都該有，當然，也可以用購買的方式取得。表 9.1 描述作者認為在 SFPT 當中布偶可以發揮用處的領域，但切記，諮商師只會受限於自己的想像力和創造力。

表 9.1 在焦點解決遊戲治療中使用布偶

焦點解決遊戲治療	描述問題	奇蹟問句	探索例外	量尺問句	解方訊息
布偶	✓	✓	✓	✓	✓

● 描述問題與建立目標

「你今天來是為了什麼事情？」

這個一開始的階段讓個案說他的故事，個案辨識出他想要有所不同或想要改變之處，這會帶出一個目標，而所建立的目標應該：(1) 符合年幼個案的需要；(2) 和處境有關、有意義，而且是特定的；(3) 具體的行為層面，並且可測量。有些時候年幼個案在解釋或表達他在面對的問題時有困難，使用布偶會很有幫助。

》問題布偶

布偶在諮商的一開始可以提供重要的元素，它能幫助個案認明問題或處境，並且可以幫助問題外化。個案應該能夠有多樣的布偶或填充動物可挑選。一開始的單元可以讓個案描述當前的問題，藉由邀請個案挑選布偶來代表所講述的問題或處境作為開始，「請你找一個跟你所要描述的問題相配合的布偶」。可以替這個挑選的布偶取個名字，並且用在有關問題或處境的未來對話上，讓個案使用布偶來分享問題的細節。如果個案所講述的處境牽涉到其他人，可以運用額外的布偶，同時讓每個布偶有自己的身分。為了讓問題的描述只占用單元的一小部分時間，最好只用兩到三個關鍵人物／布偶就好。

用布偶來外化問題可能也會有所助益。一旦個案描述了問題並且加以命名，布偶就可以從個案當前移除，或甚至從遊戲室移除。而一旦布偶離開視線，就能轉變成問生活如果沒有問題會有什麼不一樣：「既然（問題的名稱）不在了，你覺得怎麼樣？既然（問題的名稱）不在了，你的生活看起來會有什麼不同？」進一步來說，布偶不在讓奇蹟問句「沒有問題的日子」平順地呈現出來。

● 奇蹟問句

「如果今晚你睡覺時奇蹟發生了，你明天一早醒來發現讓你來這的問題被魔法解決了，你一開始會注意到什麼小事，然後知道奇蹟已經發生了？」

奇蹟問句的意圖在幫助個案看向超越當下以外的未來，幫助個案看見當目標達成後生活會變得有何不同。由於個案的發展水準，還有這個問題本身的抽象本質，這個步驟對年幼個案來說最困難。有時候改變措辭或問句形式就足夠，舉例來說：「想像一下明天是完美的一天，你今天遇到的問題都不見了，完美的一天會是什麼樣子？」同樣地，布偶也有助於這個階段的催化。

》奇蹟的一天布偶

如果之前有使用問題布偶，應該也為奇蹟的一天挑個新布偶，這有助於個案描述問題或議題不存在的時候。應該給個案多樣的布偶，如果個案之前挑選過布偶來代表他自己，那麼個案可以自己決定選擇繼續用原來或者換新的布偶。一旦個案決定或挑選了，就可以用布偶來做角色扮演，或者描述完美的一天：「你能找一個布偶來幫助你描述完美的一天嗎？你可以挑一個布偶來代表那天的你，在這一天你可能會說什麼不同的話？做什麼不同的事情？用你的布偶展示你會做的事情。」

奇蹟的一天問句讓個案看往超越自身世界以外，並且得到其他觀點。奇蹟的一天這類的布偶遊戲，讓個案可以分享或者展示其他重要或關鍵的人物在這一天會怎麼互動，因此，其他布偶可能會加入布偶遊戲。「你能用其他布偶來展示這一天會有誰在旁邊注意到嗎？他們會注意到你有什麼不同呢？他們會怎麼跟你說，讓你知道他們有注意到不一樣？」

探索例外

「你能想到另一個時間點，你沒有＿＿＿＿＿＿的問題嗎？」

例外的探索包括了尋找問題沒有發生，或比較不嚴重的一些時間點，也可以包括過去與奇蹟景象相似的一些時間點。額外的一些問句有助於了解助長例外發生所採取的行動、行為和選擇。認出這些即使是很小的例外很重要，有助於增加 SFPT 所帶來的希望感。

》奇蹟的一天布偶

鼓勵個案去思考例外的情況。讓個案使用布偶來進行角色扮演，可以讓他思考有助於例外發生的行動或行為。先請個案想想看他近期何時經歷到完美的一天或奇蹟的一部分作為開始。對一些年幼的個案來說，比起探索很多例外，專注在一個例外比較容易。讓個案思索用哪個布偶來進行布偶遊戲，個案可能會想用奇蹟的一天布偶，或者個案認定為自己的布偶，或者他可能會挑個新布偶，這可由個案決定。若個案挑選的布偶曾經有命名過，要記得在問句當中使用這個名字：「你能用＿＿＿＿＿來讓我知道你在講的那個時間點，那個問題沒這麼糟的時候嗎？」很重要的是要讓個案有充分的時間來概念化例外的細節，以及對諮商師描述或角色扮演這些細節。這個做法是要讓個案充分覺察他做了什麼來讓例外發生，因此在探索這些的時候不應該匆匆忙忙帶過，而應該去創造自我覺察及賦能的機會。

量尺問句

「0 到 10 分，10 分代表你非常有解決問題的信心，0 分代表一點信心也沒有，你覺得你今天幾分呢？」

0　1　2　3　4　5　6　7　8　9　10

這個問句讓個案評估他自己的進展，量尺問句有形的表徵可以讓這一步驟對年幼個案更具體、更有意義。使用布偶可以為這個問題帶來很有價值的意義。問題的形式可以改換，以配合布偶或量尺問句，重新措辭的例子如下：「從 0 分到 10 分，10 分是你奇蹟的景象／完美的一天，0 分是最糟的一天，今天、現在你覺得你幾分？」

》奇蹟的一天布偶

個案可能會認為將他的布偶放在量尺上是最簡單的。對量尺問句的實體回應能提供一種獨特的形式。在地板上選一個位置畫出數線，如果有空間，標記 0 到 10 的位置，如果空間不夠，則標 0、5 和 10 也可以。然後，當問個案量尺問句時，要求他把布偶放在數線上。如果個案給布偶命了名，在此活動中使用布偶時，使用該名字很重要。如果地板量尺太大難以放入較小的環境，則可以使用簡單的數線。可以用量尺問句來問多樣的評估問題：「如果 10 分是你希望的奇蹟一天，而 0 分是沒有希望的一天，那麼今天你覺得_____（人偶的名字或你自己）在幾分的位置？如果 10 表示你非常相信改變正要發生，而 0 表示你完全不相信，那麼今天你覺得_____（人偶的名字或你自己）在幾分的位置？」

用「你是怎麼決定的？」、「要靠近 10 的話要有什麼不一樣？」這樣的問題來延續。留意要用小小的增幅來鼓勵小改變：「你怎麼知道_____（人偶的名字或你自己）在 6？要從 6 移到 6.5，_____（人偶的名字或你自己）有什麼地方需要不一樣？」

● 解決方案訊息

SFPT 過程的最後一步是解決方案訊息，這段時間讓諮商師有機會以有意義的方式來總結單元中的細節。訊息有三個部分：讚賞、橋接，以及任務或建議。讚賞是對個案優勢的肯定，這些優勢展現在單元內遊戲所傳遞出來的參與和努力。過去的成功、例外以及減少問題或改變情況的嘗試都會被認可。對於個案來說，建立這些例外或嘗試的清單可能會有所幫

助，或者個案也可以為某個特意的行動畫一張畫，而個案可以保留其中任何一項，以便他能夠回憶起有助於此好結果的想法、感受和行動。橋接將過去的成功或例外與任務或建議連結起來，因此，橋接是充當諮商師所要提出任務或建議的一種說明。解決方案的任務或建議應該小又簡單，是個案可以在近期實現的目標。對於個案而言，任務也應該與目標直接相關，而且當個案在那個任務當中已經有一定程度的成功時，任務可能會更加成功。因此，可以簡單地從讚美清單或圖畫中挑選解決方案任務。切記，SFPT 的概念就是，小任務帶來更多的成功經驗，小改變會帶來大改變。

》布偶

在解決方案訊息中，個案可以用布偶來展示會怎麼執行任務或建議，或者它看起來會如何。個案可以使用奇蹟的一天布偶，也可以使用被個案認定為自己的布偶，這個布偶遊戲可以幫助個案具象化在諮商室外的行動或行為看起來可能會是怎麼樣。「你可以用你的布偶讓我知道，在你決定_____之後情況會是怎樣嗎？」

● 額外考量

SFPT 取向可用於兒童和青少年。它讓諮商師選擇使用一種或多種上述的焦點解決技術來滿足個案需求和諮商師自在度。只要適度考量個案的情緒及認知發展，SFPT 搭配布偶可以適用於四歲兒童到青少年，年齡和發展水準也會影響個案經歷這段諮商歷程所花費的時間。個案討論問題或處境的細節、奇蹟一天的細節、例外情況等所需的時間會有所不同，使用布偶和其他體驗活動時更是如此。因此，讓任何年齡的個案在單元中緩慢地推進是很常見的，有時在一個單元中僅進展一到兩個步驟。

露比的案例

露比是個三年級拉丁裔小女孩，她的父母和老師擔心她表現出來的焦慮，她上學越來越有困難，在某些情況下，她在學校裡面不想換教室。露比沒經過診斷，也沒有取得接受特殊教育的資格。

● 第一單元

非常重要的是為露比創造安全且接納的環境以展開我們的諮商關係，並且讓她建立對我的信任；開始探索她對她自身世界的觀點也很重要。我首先分享了 Janan Cain（2000）的繪本《我覺得⋯⋯》（*The Way I Feel*，中文版由大穎文化出版）。有了這本書，露比就更能描述、理解和辨識她所經歷的各種感受。我朗讀給她聽，花時間欣賞內容和插圖，然後我請露比找出她最近的三種感受。在單元的這個部分，她花了一些時間來回翻書，以挑選她最近的感受。在露比辨識的三種感覺中，害怕引起了我的注意，我決定專注在這個感覺。首先，我問露比這是否是她想改變的感覺，露比對此發表一些看法，並決定就是它。我們有共識把這個感覺當作重點，當作我們在一起會晤時的目標。

接下來，我要求露比選擇一個最能代表害怕感覺的布偶，露比選擇一個帶有綠色和紫色的氈製龍指偶，她還決定把這個布偶命名為羅爾先生（Mr. Roar）。露比將這個布偶放在她的手指上，我們探索了她的感受。下列問題幫助她描述羅爾先生，還有當羅爾先生在旁邊時她過得怎麼樣。

「妳怎麼知道羅爾先生在妳身邊？羅爾先生在妳身邊時，妳的身體會有不一樣的感覺嗎？他和妳在一起時妳會講什麼話？妳會對妳的家人或老師講什麼，讓他們知道羅爾先生在？」

這個交換讓我了解她的處境和觀點。

我向露比表示我們今天的時間快要結束了。我讓她知道我們什麼時候

會再見面，同時我還提供了解決方案訊息來結束這個單元。我總結了她從這本書中發現的感受，我還把她確定的目標再說一次：改變她的恐懼感。我談到了羅爾先生以及她對她和羅爾先生同在時的評論。我想擴大她認出羅爾先生以及羅爾先生對她造成的影響。然後我讓她知道，在下一次單元，我們將討論羅爾先生對她比較少控制和影響的時候會是怎麼樣。我要她為奇蹟問句準備，也希望她想想看當羅爾先生離開，或受制於她時生活會有何不同。這個點子讓她的臉上露出一抹微笑，因為她開始思考那將會是什麼樣子。

● 第二單元

這單元的重點是奇蹟問句，以及創造露比奇蹟一天的畫面，或她完全沒被嚇到的完美一天景象。在第一與第二單元之間的日子，露比的焦慮保持不變。露比回來後，她的自在程度以及對我的信任都有明顯增加，她輕鬆地進入房間，露出淡淡的微笑。

我們以上個單元的簡短總結開始，露比很快地去找她的問題布偶羅爾先生，然後我提醒她我們要來聊羅爾先生不在的時候。因為奇蹟問句對一些年幼的個案來說可能太抽象，用字遣詞上的改變會很有幫助。「想想看有一天羅爾先生沒在妳身邊，他不見了，我把他拿到房間外可以嗎？」跟著這個建議，我把羅爾先生放到門外。問題布偶不見之後，年幼的個案就可以開始思考這一天會如何。「現在，想想看沒有他的一天，妳的完美一天，妳能找到一個布偶來幫助妳描述這完美的一天嗎？這布偶可能是妳在這一天的樣子？」露比回到了放布偶的籃子，回到氈製指偶收藏處，經過一小段時間，她找到了一隻黃色的小雞指偶，並聲稱它是她的完美一天布偶。露比將這個人偶命名為「陽光」以搭配顏色。在回答我的問題時，她將「陽光」放在手指上，扭動它。「這一天妳可能會講什麼不同的話嗎？妳今天還想做什麼不同的事情嗎？用『陽光』來展示妳會做些什麼。誰可能會注意到今天是『陽光』跟妳在一起而不是羅爾先生呢？他們對妳會有什麼不同的看法？」

問答需要點時間，讓露比有時間沉思自己的回應並在想到細節時隨時添加非常重要。這給她機會能看到有一天不必害怕離開父母，不必害怕在學校時換教室或活動改變。我們這單元結束在解決方案訊息，解決方案訊息是當羅爾先生不在，而陽光和她同在時，露比會注意到有什麼不同。我也提醒她我們什麼時候會再見面。當時我解釋，我們會去尋找過去的一些時間點，當時陽光已經陪她度過完美的一天。我請她留意過去有哪些時候這些事情正在發生，尋找一些例外，當時完美的一天已經發生了，她同意試試看。

● 第三單元

如同之前與露比討論，這個單元的重點是探索例外，也就是問題不那麼明顯或不存在的時候。同樣，自從上一個單元以來，露比的焦慮並沒有正面或負面的改變。在準備這個單元時，我確保我的桌子量尺已預備好而且隨時可用。這個量尺是條從 0 顯示到 10 的紙製數線，它通常展示在離地面 4 英尺（約 120 公分）的牆上，但在這單元它被放到桌上。露比進入房間時與上個單元一樣自在。首先，我問露比她記得上個單元什麼事情，有任何漏掉的我會補充細節。這讓她回想起上個單元中重要、值得記下的細節，然後我請她注意紙製數線，並說明這會被用在量尺問句。我請她去找到「羅爾先生」和「陽光」。羅爾先生被放在 0，陽光被放在 10。「我要妳想一下我們之前聊到的事。記住妳描述羅爾先生在的時候感覺怎麼樣，也記住妳是如何形容羅爾先生不在，而陽光陪妳度過完美一天的感覺。我要妳把量尺的這一端（0 分）想成是羅爾先生在的感覺，然後這一端（10 分）是陽光在的感覺，現在花點時間讓我看看妳今天在羅爾先生和陽光之間的哪個位置。」因為這是露比第一次回答量尺問句，我知道這會額外花幾分鐘，隨著時間的流逝，這個問題會變得越來越好回答。為了使答案更有意義、更深入，還需要額外的問句。「妳怎麼知道這是妳的數字？妳認為需要發生什麼才能讓妳從這個數字移到靠近陽光一點？」

自從上個單元見證到一些例外已經發生，露比就為探索例外做好了準

備。我回顧了她上個單元中描述的完美一天的部分內容，以及是什麼幫助她知道她處在量尺上的哪個位置。「現在，妳能想到過去這週有個時候，這些事情已經發生了嗎？也許只有一次，想想看，當那件事發生時，妳知道是妳做了什麼才讓它發生的嗎？那時候妳有在想自己在做什麼嗎？」為了讓這個時刻對露比更加具體，我請她使用她的完美一天布偶──陽光。她迅速找到了陽光，將布偶套到手指上，並開始用它慢慢地將最近發生的例外講清楚。透過布偶陽光，露比描述上週有一個場合，當她要走到另外一間教室，是陽光陪著她而不是羅爾先生。單元要結束時，我請露比畫出她所經歷的那一刻、那一個例外的圖畫，這張圖成為解決方案訊息的焦點。這是個她能帶在身邊，需要時可以幫助她回想起完美一天的東西，是她曾經努力過並有所成就的內容，也是她可以再做一次的事情。

後續單元

　　一旦露比辨識並理解了她的例外經驗之後，隨後的單元就只要檢視上個單元之後的不同之處。量尺問句總是能幫助她確定那天是誰主控，是害怕、焦慮或是露比（羅爾先生或陽光）。然後，我們就會把重點轉移到需要發生什麼事情才能往量尺問句的更高分前進。在這些單元中，我們還花了一些時間學習如何保持正念，並且用呼吸來降低焦慮。畫圖和繪本也常常用到，不過露比經常會回到羅爾先生和陽光指偶，演出她的內在衝突。週末後回到學校有時仍然是一個挑戰，但是如果休息更久，她應該會比其他時候更害怕或焦慮。她開始接受她的焦慮可能永遠是她的一部分，而她也有內在的資源來對付這些焦慮。她也知道她焦慮的時刻少了，完美的一天多了。

 參考文獻

Alter, M. (2001). Play therapy behaviors of sexually abused children. In G. Landreth (Ed.), *Innovations in play therapy: Issues, process, and special populations* (pp. 119–130). New York, NW: Brummer-Routledge.

Bond, C., Woods, K., Humphrey, N., Symes, W., & Green, L. (2013). Practitioner review: The effectiveness of solution focused brief therapy with children and families: A systemic and critical evaluation of the literature from 1990–2010. *Journal of Child Psychology and Psychiatry*, *54*(7), 707–723. doi:10.1111/jcpp.12058

Cain, J. (2000). *The way I feel.* Seattle, WA: Parenting Press.

Corcoran, J., & Stephenson, M. (2000). The effectiveness of solution-focused therapy with child behavior problems: A preliminary report. *Families in Society*, *8*, 468–474.

Gillen, M. (2011). Solution-focused therapy. In S. Degges-White & A. L. Davis (Eds.), *Integrating the expressive arts in counseling practice: Theory-based interventions* (pp. 29–33). New York, NY: Springer Publishing Company.

Leggett, E. S. (2009). A creative application of solution-focused counseling with children's literature and visual arts. *Journal of Creativity in Mental Health*, *4*, 191–200.

Leggett, E. S. (2017). Solution focused play therapy. In E. S. Leggett & J. Boswell (Eds.), *Directive play therapy: Theories and techniques* (pp. 59–80). New York, NY: Springer Publishing Company.

Murphy, J. (1994). Working with what works: A solution-focused approach to school behavior problems. *School Counselor*, *42*, 59–68.

Nims, D. R. (2011). Solution focused play therapy: Helping children and families find solutions. In C. Schaefer (Ed.), *Foundations of play therapy* (2nd ed., pp. 297–309). Hoboken, NJ: Wiley & Sons Inc.

Trepper, T. S., McCollum, E. E., De Jong, P., Korman, H., Gingerich, W., & Franklin, C. (2008). *Solution focused therapy treatment manual for working with individuals research committee of the solution focused brief therapy association.* Retrieved from www.sfbta.org/Research.pdf

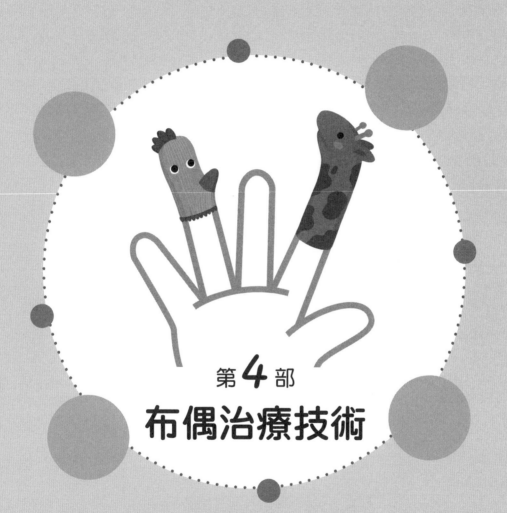

第**4**部
布偶治療技術

第 10 章

運用布偶將兒童的
問題外化

✳

Brie Turns、Brandon Eddy

前言

外化（externalization）的概念就是，個案所經驗到的問題並不是
他內在的一部分，反之，那是個案將問題歸因於外在因素的一個過程
（White, 1995, 2007; White & Epston, 1990）。外化的目標是要幫助
個人理解到他本人不是問題 —— 問題本身才是問題（White & Epston,
1990）。外化的用處被認為是在問題和個案之間創造出某種距離（Butler,
Guterman, & Rudes, 2009; Turns & Kimmes, 2014）。外化也有助於個案
從另一種觀點來看待問題（Freedman & Combs, 1996）。

要孩子接受治療的通常是父母（White, 2007），因為他們相信孩子
是「被認定的病人」（Berg & Steiner, 2003），需要有人來「修理」孩子
的問題。這樣的訊息會讓孩子感到羞恥，並認為自己一定是哪裡有問題。
精神衛生專業人員可以運用外化來幫助孩子和他們的父母將「問題」視為
一個外在因素，而非孩子的一種特質。幫助兒童將問題外化的其中一種方
法，就是運用具體的物體，像是布偶。

技術的基本要領

● 年齡範圍

在運用布偶將問題外化時，實務工作者首先必須考慮兒童的實際年齡及發展年齡。正常發展的兒童應該介於五到十二歲之間。被診斷為發展遲緩或智力障礙的兒童也能從這個介入獲益，但是實務工作者必須考量到兒童的智能。舉例來說，我（BT）經常外化兒童的診斷，因為父母通常視症狀為「問題」。

在決定是否適合運用布偶將兒童問題外化的一個重要考量，就是兒童轉向（pivot）的能力（Vygotsky, 1978）。「轉向」指的是區分具體物件與其所代表意義的能力。兒童通常在學齡前期開始有這樣的能力（Vygotsky, 1978）。為了運用這個介入，兒童必須能夠看見一個物體（布偶），然後將它視為另一個東西（兒童自己）。在此介入中，治療師會詢問一些有關於「問題」的問話，以便將問題從布偶身上外化。轉向能力會讓兒童可以將布偶的對話運用到自己身上。

● 器材

在考慮了兒童的智能和年齡之後，實務工作者應該要準備一些布偶，以供實務工作者、兒童及父母在活動中使用。取決於他們的環境和經驗，兒童及其家庭成員可能會被某類布偶所吸引。我們建議實務工作者要準備各式各樣的動物布偶，例如鱷魚、兔子、狗、大象及鯊魚等。

● 實務層面

我們建議治療師利用一整個單元來外化問題。在開始對話之前，將所有布偶鋪放在桌面或地板上，然後要求每位家庭成員挑自己想要的一隻布偶，治療師也要挑一隻。有些年齡較長的家庭成員，例如父母或較大的孩

子,可能會覺得布偶活動很幼稚或不成熟,此時治療師就要鼓勵成員參與,並且示範如何與孩子一起玩。在治療單元之前花點時間與父母討論活動的進行方式,以及說明與孩子一起玩的益處,可以減少父母對此活動的抗拒。

外化問題的第一步通常是由兒童命名布偶的問題(Ramey, Tarulli, Frijters, & Fisher, 2009)。以下的說法是開啟對話的一個例子:「〔叫出兒童手上拿的布偶〕,我聽說你經常被〔問題〕所困擾,你能夠告訴我更多關於〔問題〕的事情嗎?」語言使用上盡量將問題陳述成一個名詞(noun),這當中的假設是問題不在布偶身上,而是存在於布偶之外。很重要的是治療師要用他(她)自己的布偶去對其他家庭成員的布偶問問題,而不是對孩子。

有助於外化問題的另一種做法,是改換家庭成員描述問題的語言(Ramey et al., 2009)。舉例來說,父母其中一方可能說:「我很擔心湯姆的脾氣。」治療師可以對父母的布偶改換語言說:「〔父母布偶〕,一天當中何時是脾氣最困擾〔孩子的布偶名字〕的時間?」運用這樣的語言其中的假設是,脾氣並非孩子的個性,而是進出孩子生活當中的一種外在因素。

以下的問話可以協助孩子及家庭成員進一步描述布偶的問題。舉例來說,「〔父親的布偶〕,你覺得〔孩子的布偶〕被〔問題的名稱〕這樣對待的感覺怎樣?」或是「〔孩子的布偶〕,當〔問題的名稱〕過來招惹你,那是一種什麼樣的滋味?」其他的問話還包括問題如何干擾布偶的嗜好、與其他布偶的關係,以及其他活動。以下列出一些問話,實務工作者可以用來詢問孩子及家庭成員。

● 實務工作者可以詢問孩子及家庭成員的問話例子

1. 我們可以稱呼困擾你〔孩子的布偶〕的問題叫做什麼呢?
2. 〔問題的名稱〕看起來/聽起來/感覺起來像是什麼呢?
3. 你〔家庭成員的布偶〕看到擔憂怪物是如何困擾〔孩子的布偶〕呢?

4.〔問題的名稱〕何時會出現並且困擾〔媽媽或爸爸的布偶〕？他們如
何處理問題呢？誰會幫助他們面對問題？

5.〔媽媽的布偶〕是如何看待〔問題的名稱〕困擾〔爸爸或孩子的布
偶〕呢？妳如何幫助他們呢？他們可以怎麼樣尋求妳的幫助呢？

6.〔問題的名稱〕在哪方面困擾〔孩子的布偶〕最多／最少呢？

7.當你在被〔問題的名稱〕霸凌時，我〔治療師的布偶〕可以做些什麼
來幫助〔孩子的布偶〕呢？

8.曾經有過〔問題的名稱〕離開而不再困擾你的時候嗎？

9.〔問題的名稱〕曾經幫助或保護過你嗎？

10.〔問題的名稱〕曾經在學校跑來騷擾你嗎？你在學校如何擺脫掉〔問
題的名稱〕？

11.〔問題的名稱〕曾經困擾你的朋友嗎？你曾經幫助過你朋友擺脫掉
〔問題的名稱〕嗎？

案例說明

　　喬伊在六歲時被診斷為自閉症類群障礙症（ASD），他目前十四歲，
最近剛進入高中生涯。他的母親艾莉絲和父親彼得帶他去見一位家庭治療
師，希望「治療喬伊的焦慮和滿滿的擔憂」。在初次晤談單元中，艾莉絲
描述喬伊是「心智上只有十歲的男孩」，在交朋友方面正努力掙扎著，並
處理對未來的害怕。彼得描述喬伊的主要「問題」是擔心學校課業，擔心
在教室內和在吃午餐時要坐在哪個位置，以及擔心如何交朋友。家庭治療
師塔拉決定將喬伊的「焦慮」外化，希望幫助這個家庭將焦慮視為一種外
在因素，而非喬伊的內在特質。喬伊先挑選了一隻恐龍，艾莉絲選擇了一
隻海豚，彼得挑選一隻企鵝，而塔拉拿起一隻鸚鵡之後，以下的外化對話
就出現了。在這簡短的片段中，每個參與者都用他（她）的布偶來進行對
話。

塔拉：恐龍，我聽說最近擔心蟲蟲跑來對你造成許多困擾。

喬伊：對，我擔心很多學校的事情。

塔拉：我們可以為這個擔心取什麼樣的名字？

喬伊：嗯……我認為它就像是一隻巨大的擔心怪物，讓我晚上都睡不著。

塔拉：這隻擔心怪物聽起來怪恐怖的！嘿，企鵝和海豚，對於擔心怪物騷擾恐龍這件事，你們怎麼看呢？

母親：這樣啊，我知道恐龍必須完成他的學校作業，但是擔心怪物一直告訴他沒有做對。

父親：恐龍的老師也說擔心怪物在學校對恐龍很過分，因為它不斷告訴恐龍午餐時他哪裡都不能坐。

塔拉：哇！這隻擔心怪物好像很過分。恐龍，這隻怪物長得像什麼？

喬伊：它又大又黑，而且有很銳利的牙齒。

塔拉：我的老天！我知道怪物讓恐龍在學校和家裡惹上麻煩；它會讓恐龍不快樂嗎？

喬伊：一直都是！！就連晚上我在看電視的時候，我也會開始擔心。

塔拉：（留意到擔心的擬人化，塔拉改變了語言。）我很想知道，擔心怪物曾經在企鵝和海豚看電視的時候霸凌他們嗎？

父親：關於這點，就在昨天晚上，擔心怪物提醒我明天必須完成的事情，當時我的胸口頓時覺得緊緊的。

塔拉：企鵝！擔心怪物讓你的胸口緊緊的。海豚和恐龍，擔心怪物也讓你們有這樣的感覺嗎？

　　雖然這只是一段簡短的對話，要留意的是治療師特意對每個布偶所使用的語言。她問了許多關於外化問題（擔心怪物）的問話，並且容許布偶來建立問題的身分。

　　本章簡短說明了如何外化兒童的問題、在治療室中這麼做的好處，以及治療師在執行這個介入時可以運用的一些實際問話。儘管個案們並沒有

直接討論孩子面對問題的經驗，布偶的運用可以讓孩子更加開放的溝通，
也不必擔心自己成為討論的焦點。

 **參考文獻**

Berg, I. K., & Steiner, T. (2003). *Children's solution work*. New York: W.W. Norton & Company.

Butler, S., Guterman, J., & Rudes, J. (2009). Using puppets with children in narrative therapy to externalize the problem. *Journal of Mental Health Counseling, 31*(3), 225–233.

Freedman, J., & Combs, G. (1996). *Narrative therapy: The social construction of preferred realities*. New York: W.W. Norton.

Ramey, H., Tarulli, D., Frijters, J., & Fisher, L. (2009). A sequential analysis of externalizing in narrative therapy with children. *Contemporary Family Therapy, 31*, 262–279.

Turns, B. A., & Kimmes, J. (2014). "I'm NOT the problem!" externalizing children's "problems" using play therapy and developmental considerations. *Contemporary Family Therapy, 36*(1), 135–147.

Vygotsky, L. (1978). *Mind in society: The development of higher psychological processes*. Cambridge, MA: Harvard University Press.

White, M. (1995). The narrative perspective in therapy. In M. White (Ed.) *Reauthoring lives: Interviews and essays* (pp. 199–213). Adelaide, Australia: Dulwich Centre Publications.

White, M. (2007). *Maps of narrative practice*. New York: W.W. Norton.

White, M., & Epston, D. (Eds.). (1990). *Narrative means to therapeutic ends*. New York: W.W. Norton.

第11章

「狐狸先生在傷心」：
布偶作為遊戲室裡象徵性的個案

※

Susan M. Carter

　　在世界各地布偶都是兒童玩具中重要的一環，也是遊戲治療師的共同工具。它們的範圍遍及國際，對兒童的吸引力不受文化或社會經濟地位所限制。布偶在遊戲治療中的用處在於它們如何促進兒童內心世界的投射，傳達他們的擔憂，以及外化情緒。它是讓兒童投入治療過程並且強化治療關係的一種方法（Prendiville, 2014; Bromfield, 1995; Carter & Mason, 1998）。布偶可以讓孩子以主動卻又非口語的方式表達自己，有助於表達出難以言說的經驗。當我們說布偶是象徵性個案時，我們指的是自然投射的過程，鼓勵從安全的角度表達自我（Bromfield, 1995; Narcavage, 1997）。在治療一開始使用布偶來呈現兒童的限制很有釋放及賦能的作用，對於焦慮、受過創傷或防衛心強的兒童尤其如此（Narcavage, 1997）。藉由布偶的動作與對話，可以將創傷所帶來對人害怕的不信任感投射到布偶上，同時分享複雜、情緒性和令人困惑的敘事，這會讓這個過程更加安全和清晰。透過角色布偶演出精心挑選或編造的故事，可以讓兒童個案的議題看起來栩栩如生並有了意義。

挑選及運用布偶作為象徵性個案時的實務考量

任何年齡的孩子都可以投入並參與遊戲治療師對布偶個案的操控，但是要能積極參與，孩子需要有能力用手去操作手上的布偶，通常至少要大約三歲（Carter & Mason, 1998）。

由於布偶遊戲沒有文化或種族限制，如果選擇人偶進行這種介入，應該要有各種膚色的布偶，以便能吸引各種不同文化的兒童進入遊戲（Irwin, 1993）。多元文化布偶可以促進跨文化的理解，有助於減少防衛，並自然地將孩子吸引到遊戲裡。這些介入中實際使用的布偶可以有各種材料、大小、外形和風格（Prendiville, 2014; Bromfield, 1995）。布偶有幾種形式：手偶、搞笑布偶、傀儡和腹語師假人偶（Carter & Mason, 1998）。大多數遊戲治療的配備都選擇手偶，因為它們好操作、製成材料柔軟、有滋養感，而且五顏六色。不過搞笑布偶也很有用，因為進行口語和手勢操作可以不止一個人，讓孩子可以有更多自我表達的選擇，而且遊戲治療師也可以參與進來（Bromfield, 1995; Carter & Mason, 1998）。

為了達成這些遊戲治療介入的目的，布偶的收藏建議要多樣化，有一些類別通常應該要囊括在內，包括攻擊性布偶（鯊魚、鱷魚、狼）、滋養或友善的布偶（熊、狗、兔子、貓頭鷹）、神話布偶（龍、仙女、巫婆或巫師）、漂亮／醜陋的布偶（鳥、恐龍）和布偶家庭（多樣人種、一般人、皇室家庭）（Carter & Mason, 1998）。布偶應該公開陳列並方便取得，數量約 15 到 20 個之間。切記，足夠的布偶能讓創造力和想像力發揮，但是布偶太多反而可能讓孩子不知所措，導致無法選擇或完全避免玩布偶（Bromfield, 1995; Carter & Mason, 1998）。

若有開放、視野寬廣的陳列方式提供布偶的挑選，將會擴展孩子的自我表達、創造力和想像力。它也提供治療師一個平台，好讓在發展和方法上都很合宜的介入得以上場。

運用布偶作為象徵性個案的技術

「隱藏的布偶技術」（Bow, 1993）需要一個能把布偶藏起來的容器（麻袋或盒子），或者布偶可以自己藏起來（像是烏龜或帽中兔）。然後，抗拒型（害羞、焦慮）的個案會投入（被引入）協助遊戲治療師哄布偶出來的工作。藉著解決布偶的焦慮，可以提供孩子表達自己恐懼和需求的一個安全途徑（Prendiville, 2014），並且透過幫助布偶的過程而更投入遊戲治療。

在遊戲室裡的前幾個單元，我對焦慮或抗拒的個案採用了另一項介入，我選擇了兩個布偶，一個扮演個案，另一個扮演遊戲治療師。我藉由布偶解釋了遊戲治療的歷程和遊戲室的規則；布偶個案問了孩子可能會想到的許多問題，布偶治療師回答了這些問題。布偶們接著參加遊戲室的導覽，一個布偶為另一個說出可以做的一些活動。這個介入為孩子提供遊戲治療世界的可預測地圖，幫助孩子藉由觀察布偶們的互動調整自己的情緒。一旦孩子有了興趣，遊戲治療師或許就可以把布偶之一轉交給孩子操控。

我採用的第三個介入是將閱讀治療（bibliotherapy）與布偶遊戲結合起來，演出一些指定角色，其中一個是象徵性個案。有好幾本兒童讀物已經有附帶的布偶：《勇敢的巴特》（*Brave Bart*; TLC, 1998）講述了小貓巴特在熱心漢娜的幫助下從創傷中復元的故事；《星月》（*Stellaluna*; Cannon, 2007）講述一隻幼小的蝙蝠意外與母親分離的故事；《魔法親親》（*The Kissing Hand*; Penn, 2009）則是一隻小浣熊害怕離開母親去上學的故事。透過鏡映他們個人故事的角色故事，孩子們似乎會因為已知他者旅程的潛意識分享而感覺到被賦能。閱讀治療是遊戲治療師的一種工具，可以讓孩子的經歷正常化，強化並認出對某些經驗的情緒反應，並為他們自己的處境提供可用的解決方案和正面成果（Perhsson, 2011）。將閱讀治療與布偶戲劇結合，可以用象徵性個案的形式為個案的故事帶來生

命。遊戲治療師作為敘說者的角色，為故事中開展的戲劇、布偶的反應、孩童的內在創造一個同理的見證人。最後，這些介入將指導性和非指導性的技術整合成一種處方式、個別化的治療中，但同時仍然允許孩子形塑遊戲來表達他自己的需求。

個案實例

艾蜜莉是一個早熟的五歲孩子，她的父母在幼兒園老師的要求下向兒科醫生諮詢，兒科醫生轉介她來接受遊戲治療。她被認為有情緒失調、易怒、感覺防禦，以及負向的外顯行為（口不擇言、反抗權威、對同儕有敵意、控制性強，有時甚至出現身體攻擊）。在對家庭雙人一組的早期評估中，我注意到布偶遊戲對艾蜜莉有吸引力，也發現她有著高控制、不配合的舉動，以及對挑戰或結構的抗拒態度。我決定使用雙布偶技術，並向她介紹遊戲室及其結構。我讓布偶加入遊戲室的導覽，詢問有關遊戲治療的問題，並用隱喻的方式回答。我認為透過布偶創造象徵性個案會是對艾蜜莉有效的治療方法。找不到合適的故事繪本來用，我就寫了個故事，名為〈狐狸先生在傷心〉（Mr. Fox Is Sad）。我在遊戲室裡用一個特定的布偶（狐狸布雷爾）作為主要角色，這個故事緊密地鏡映了艾蜜莉的老師和父母覺得無法接受的行為。在故事中狐狸先生感到難過又孤單，因為沒人知道他真的想變得親切、友善。聰明的貓頭鷹幫助他說出自己的感覺，並且學習新方法來處理這些感覺，因此解決了他的困難。

艾蜜莉對狐狸先生表現出興趣，聽了他的故事，然後看著我用各種布偶表演出來。雖然艾蜜莉拒絕加入，但她對這過程的關注鼓舞了我。幾次非指導式遊戲治療單元過去，雖然布偶都在遊戲室中出現，但艾蜜莉沒有選擇玩它們。不過，在我們的第五次單元，艾蜜莉宣布她決定演出一齣布偶戲。在戲中，她指揮我用狐狸布偶，她則選擇了好幾隻其他動物布偶和角色。艾蜜莉接著重新演出〈狐狸先生在傷心〉，指揮我演狐狸先生的角色，並與其他布偶逐一互動。在我們的第七次單元，艾蜜莉回到布偶戲，

決定自己扮演傷心的狐狸先生。她讓狐狸先生告訴其他人（布偶），他很傷心，這讓他講了很過分的話。艾蜜莉用狐狸布偶作為象徵性個案，來表達她已準備好去學習認清自己的感受並管好她對別人的舉動，這是她遊戲治療的轉折點。

在接下來的幾次單元中，我們繼續使用故事和布偶來澄清感受並引入因應策略。艾蜜莉在挑選布偶方面維持著主控的角色，並要我當故事的敘說者，不過，透過布偶戲，她和他人相處的舉止軟化許多，變得比較和善也比較可預測，最後她回到學校之後也比較少出狀況。

 參考文獻

Bow, J. N. (1993). Overcoming resistance. In C. E. Schaefer (Ed.) The *Therapeutic Powers of Play* (pp. 17–40), Northvale, NJ: Jason Aronson.

Bromfield, R. (1995). The use of puppets in play therapy. *Child and Adolescent Social Work Journal*, *12*(6), 435–444.

Cannon, J. (2007). *Stellaluna*. New York: Houghton Mifflin Harcourt.

Carter, R. B., & Mason, P. S. (1998). The selection and use of puppets in counseling. *Professional School Counseling*, *1*(5), 50–53.

Irwin, E. C. (1993). Using puppets for assessment. In C. E. Schaefer & D.M. Cangelosi (Eds.), *Play Therapy Techniques*, (pp. 83–90). New York: Jason Aronson.

Narcavage, C. J. (1997). Using a puppet to create a symbolic client. In H. Kaduson & C. Schaefer (Eds.), *101 Favorite Play Therapy Techniques*, (p.199). New York: Jason Aronson.

National Institute for Trauma and Loss in Children. (1998). *Brave bart*. Albion, MI: National Institute for Trauma and Loss in Children.

Penn, A. (2009). *The kissing hand*. Terre Haute, IN: Tanglewood Publishing.

Perhsson, D.-E. (2011). Utilizing bibliotherapy in play therapy for children with anxiety and fears. In A. A. Drewes, S. Bratton, & C.E. Schaefer (Eds.), *Integrative Play Therapy*, (pp. 207–224). New York: Wiley.

Prendiville, S. (2014). The use of puppets in therapeutic and educational settings. In E. Prendiville & J. Howard (Eds.), *Play Therapy Today*, (pp. 97–112). London: Routledge.

第12章
透過布偶遊戲互動 教導兒童解決問題[1]

✳

Carolyn Webster-Stratton、M. Jamila Reid [2]

　　幼童面對問題的方式通常無法有效地解決問題,有些孩子會哭、鬧或喊叫;有些孩子會打或咬人,進而演變成具破壞性的行為;另有些孩子則會說謊,或向父母和老師告狀。這些雖然正常,但反社會的行為通常無法有效地幫助孩子針對問題找出令人滿意的解決辦法,事實上,這一類的行為反而會製造出更多新的問題。研究指出,兒童會持續地使用這些不適當的策略,可能是因為他們未曾受到教導,不知道如何更有效地管理情緒與解決問題,也可能因為這些不適當的策略可讓兒童立即得到他們想要的結果。

　　針對「超凡年歲小恐龍」(The Incredible Years Dinosaur)幼童小團體治療和教室預防課程所做的隨機研究顯示,課程介入後,兒童在情緒語言、社會技巧、入學準備度和適當的問題解決能力上皆有提升(Webster-Stratton, Reid, & Stoolmiller, 2008),在家或學校中的品行、過動、注意力不集中等問題上也有改善(Webster-Stratton & Hammond, 1997; Webster-Stratton & Reid, 2016, 2005; Webster-Stratton, Reid, & Beauchaine, 2013; Webster-Stratton, Reid, & Hammond, 2001, 2004)。這套課程在《超凡老師:培養兒童的社會、情緒和學業能力》(*Incredible*

Teachers: Nurturing Children's Social, Emotional, and Academic Competence; Webster-Stratton, 2012）這本書，以及其他文章（Webster-Stratton & Reid, 2003, 2005, 2008a, 2008b）中皆有詳細的描述。

本章我們將聚焦於「超凡年歲小恐龍」課程，探討它如何運用布偶來教導兒童情緒管理和問題解決的技巧。課程使用與幼童等身的大型布偶，布偶的服裝會依受輔導孩子的文化和性別而有所變化。另外，與兒童一樣，布偶的穿著也會依天氣、在地習俗，和孩子不同的發展問題而更換。例如，若團體中兒童有戴眼鏡或助聽器等問題需要處理的話，兒童布偶也可能會佩戴這些輔具。若實務工作者的預算有限，也可使用體型較小的布偶，事實上，只要有個能動的嘴巴，幾乎任何布偶都可使用。四到八歲的幼童對布偶非常著迷，相較於對成人，幼童更容易對布偶訴說讓他們痛苦或敏感的問題。

解決問題的第一步：認識和辨別感受，以及調控情緒

解決問題的第一步將重點放在感受與問題間的連結。實務工作者可運用布偶幫助孩子了解，諸如憤怒、挫敗、難過、恐懼或孤獨等這些不舒服的感受都是一個「信號」，在讓孩子知道他們有個問題需要解決。這個年齡的兒童以視覺思考，且喜愛想像遊戲，因此可用故事和布偶遊戲，來作為促進兒童情緒語言和自我調控技巧的一個方法。布偶的運用使假想遊戲更易於進行，有助於兒童體驗其他角色的感受（早期同理心發展）。布偶與孩子一同演出故事，探索感受，並尋找處理不舒服感受的方法。布偶示範如何談論感受，告訴孩子有時他們會感到被遺忘、遭其他孩子嘲弄、因學習閱讀遇到障礙而覺得挫敗、因不知如何邀請朋友到家裡來而感到焦慮、因父母不買給他們新鞋而生氣，或因父母吵架而擔心。布偶也會談論正向的感受，例如，學會騎腳踏車的自豪、盡情打鼓後的開心、因端坐獲得稱讚的歡喜，或因學會閱讀而感到振奮。例如，布偶瓦力（「超凡年歲小恐龍：兒童社會技巧課程」中的一個角色）可能會分享他的感受：「我

很生氣，因為哥哥玩我的飛機，把它弄壞了。」實務工作者問瓦力是否有使用秘密技術讓自己冷靜。瓦力答道：「有，我知道我要做三個深呼吸，你可以和我一起做三個深呼吸嗎？」孩子和布偶一起深呼吸，並練習自我對話，幫助自己冷靜下來：「我可以冷靜，我可以想想我的狗，想到牠就讓我開心。」練習了幾次之後，實務工作者稱讚瓦力和孩子練習如何使自己冷靜，說道：「你幫助瓦力冷靜下來，和他一起深呼吸、數數，告訴自己你能保持冷靜，也想像能讓你覺得開心的事情。當你因為姊姊或朋友而生氣的時候，你是否也能使用這些方法呢？」

布偶能應用於許多不同的情境，幫助孩子練習談論讓自己不舒服的感受，接著再練習想像能使自己平靜的事物和正面的圖像，及深呼吸。以下是一些可由布偶來示範如何表達正面和負面感受的範例腳本。布偶對孩子說：

「城堡蓋這麼久，我好灰心。可是每次城堡倒塌時，我會做一個深呼吸，然後再試一次。」

「我終於蓋好了，我感到很驕傲。」

「我好喜歡在浴缸裡玩，你也一樣嗎？」

「我和我的朋友茉麗玩得好開心，跟誰在一起玩會讓你很開心呢？」

「我好難過不能跟媽媽去遊樂園玩，我要想想會讓我開心的事情。」

「別的小朋友不讓我跟他們玩，他們不理我，我好孤單。你也曾有一樣的感受嗎？」

「我的魚死了，我好傷心。你以前有養過寵物死掉的嗎？」

辨識問題，用腦力激盪找出解決的辦法

教導孩子情緒語言和冷靜的技巧之後，實務工作者開始運用布偶來教導孩子問題解決的基本步驟。第一個步驟將重點放在辨識問題和用腦力激盪找出解決辦法。第一次進行此步驟，需要在孩子實際上很平靜，而不是

當他們有衝突的時候，這點非常重要。

1. 我的問題是什麼？（定義問題及相關感受。）
2. 有什麼可能的解決辦法？其他還有什麼可能的解決辦法？（腦力激盪。）

三到八歲的兒童要學習和練習的關鍵技巧，是辨識問題和找出可能且利社會的解決辦法。之後他們會繼續學習如何評估後果和實施解決辦法。事先考量每一個可能解決辦法的後果是認知發展過程中很重要的一環，對過動、衝動和年幼的孩子來說特別困難。

1. 我的問題是什麼？

在開始教導兒童如何解決問題時，使用布偶來示範的效果特別好，除此之外，布偶也能使孩子在討論解決問題過程中所做的練習更加生動。

一個與孩子開始討論解決問題的有趣方法，是讓他們假扮為「偵探」，來解決他們的布偶朋友所遇到的問題。布偶告訴孩子他（她）需要幫忙解決的問題。問題的情境必須能反映孩子實際上會碰到的。下面是一

些能運用布偶演出的問題情境：

✱✱ 瓦力、茉麗和他們的朋友請孩子們幫忙解決這些問題

- 瓦力不敢把老師發的行為評量表帶回家，因為他的表現並不好。
- 瓦力在學校和其他孩子打架，因為他們不和他玩。
- 茉麗和瓦力因為要看不同的電視頻道而吵架，最後兩人被罰什麼都不能看。
- 茉麗很多朋友都被邀請參加派對，但她卻沒有受到邀請。
- 瓦力因為父母不買給他棒球手套，就把其他小朋友的拿走了。
- 鴕鳥小拓把頭埋在沙裡，因為他的父母吵架讓他很害怕，他很確定他們是因為他而吵架的。
- 小烏龜很怕某個大人，因為他對小烏龜生氣。
- 瓦力因為怕受處罰而說謊。
- 瓦力在學校受到嘲弄，所以不想去上學。
- 過動且衝動的小青蛙阿福經常跳來跳去，他發現其他小朋友覺得他很煩人。

定義問題：布偶告訴孩子他（她）的問題，孩子猜想布偶的感受，再以自己的話語描述問題。例如：「瓦力，我覺得你因為媽媽要出門，你不想和保母待在家裡而難過。」

定義完問題之後，下一個步驟由實務工作者邀請孩子幫忙布偶想出解決辦法，目的是鼓勵孩子，讓他們盡可能地找出各種不同的辦法，來解決布偶的問題。這個腦力激盪的過程不僅有趣，也能教導孩子學習變通的思考方式，讓孩子了解，能夠合理解決問題的方法往往不只一個。很重要的一點是，不論孩子的想法聽起來多麼愚蠢，都不要去批評他們的想法或將其加以修改，反而是要鼓勵孩子運用想像力來思考，並試著以布偶來示範

2. 有什麼解決辦法？

3. 還有什麼其他的解決辦法？

具創意的解決辦法。孩子為解決瓦力的問題所做的嘗試，記得給予稱讚，特別要對孩子想出來的不同的解決辦法給予讚賞（例如：「很好！這是個不一樣的辦法」），這將有助於鼓勵孩子想出更多不同的解決辦法。

如果孩子想不出解決辦法，瓦力可提出一些主意，或讓孩子從「瓦力的百寶箱」中尋找靈感。瓦力的百寶箱裡有一些圖片，圖片上有各種不同的解決辦法，例如：離開、等待、說聲「請」、做其他的事情、交換、分享、主動幫忙、請求幫助、談論自己的感受、忽視、有禮地詢問、冷靜下來、想想開心的事情、深呼吸、承認錯誤、道歉、給予稱讚、原諒。

接下來會怎麼樣？

幫忙　　　　　　　　　　　分享

將解決辦法表演出來

當孩子們討論出各種不同的解決辦法，或從百寶箱中挑選了解決辦法後，父母或老師請孩子將他們建議的解決辦法示範給瓦力看。一個對孩子來說很有趣的方法，是用手偶或玩具公仔來演出。例如，若孩子對「嘲弄」這個問題所建議的可能解決辦法是向對方說「請你停止」，以及「忽視」，那麼請孩子表演給瓦力看他們會如何表達。由布偶扮演嘲弄者的角色（絕不要求孩子演出負面的行為），孩子可示範如何說「不要再笑我了」，然後離開。孩子們將會喜愛參與這樣的「劇」，這樣的練習能幫助

他們體驗，要執行一個解決辦法會涉及到什麼樣的行為和語言。與理論性的認知討論相較，行為練習對孩子實際的學習，以及新的解決問題所涉及行為的養成都更為重要。

孩子在練習解決問題上所花的時間以及步伐的快慢，都需維持在相當於他的發展階段和注意力可持續時間的水平，這一點相當重要。大多數的幼童在一節課的時間裡會很樂意幫助布偶進行一或兩個解決辦法，之後就想進行下一個活動。在與布偶進行了一個解決問題的練習後，一個可能有助益的延伸，是讓布偶與孩子在自由遊戲的環境裡互動，並對孩子為布偶想到的所有友善解決辦法做些評論，例如：「瓦力想玩積木，而你讓給他玩，那真是個非常友好的解決辦法。」或「我看到你想要瓦力在玩的車，但你選擇了等待，這個解決辦法真的很棒。」

解決問題的示範腳本

以下的腳本適合應用於已經練習過如何辨識感受和問題，並嘗試過找出解決辦法的低年級學童。

🔍 布偶示範腳本：「瓦力受嘲弄」

瓦力　：今天在學校有小朋友笑我，還叫我臭猴子！

治療師：那讓你有什麼感受？

瓦力　：讓我很生氣，所以我也罵回去！

治療師：你覺得用這個解決辦法好嗎？

瓦力　：不是很好，因為後來他們又叫我笨蛋，也不讓我跟他們玩。

治療師：不知道還有沒有其他比較好的解決辦法呢？你想不想問問這些孩子他們有沒有什麼主意？

瓦力　：好吧，但我知道他們一定沒有被別人笑過。

治療師：喔，我想所有的小孩都曾經被笑過。

瓦　力：真的嗎？那麼你們被別人笑的時候有什麼感覺呢？

治療師：（鼓勵孩子說出自己的感受。）

治療師：我想這些感受其實是在告訴我們有某個問題存在，對吧？
　　　　瓦力，那麼你會如何描述你的問題？

瓦　力：我的問題是，他們取笑我，讓我非常生氣。

治療師：沒錯。那麼你現在能做什麼事情來解決問題？你有哪些可
　　　　能的解決辦法或選擇？

　　　　（鼓勵孩子找出解決辦法，例如：忽視、離開、以幽默的
　　　　方式回應、做個深呼吸冷靜下來、解釋感受。）

治療師：瓦力，這些孩子是解決問題的大偵探，看看他們想出來這
　　　　麼多的解決辦法。

瓦　力：我們可以練習一些解決辦法嗎？因為我不知道要怎麼做。

治療師：好的，我們挑選兩個孩子，讓他們示範，當有人取笑你的
　　　　時候應該怎麼回應。瓦力，你扮演取笑別人的人，好嗎？

　　　　（兩位學生自願演出。）

瓦　力：臭猴子、臭猴子，你是臭猴子！

學　生：（角色扮演一些討論到的解決辦
　　　　法。）

瓦　力：哇！你們好棒！我取笑你們的時
　　　　候，你們都沒有回應，讓我覺得一
　　　　點都不好玩。下一次有人取笑我的
　　　　時候，我也要試試這個辦法，我會
　　　　再告訴你們結果。

你的解決辦法公平嗎？

● 評估解決辦法的後果

孩子知道如何辨識問題和用腦力激盪找出解決辦法之後，就可開始評估他們的解決辦法，思考可能的後果。布偶和孩子學到了，後果就是「接下來會怎麼樣？」而解決辦法可能會有好的後果，也可能會有不好的後果。

接下來會怎麼樣？

解決辦法是好是壞可用三個問題來決定：我的解決辦法安全嗎？它公平嗎？它會帶來好的，或是還可以的感受嗎？

4. 接下來會怎麼樣？（後果）

下面的腳本延續瓦力遭取笑的解決辦法之情境，為評估步驟。

*✿ 下一堂課

瓦力　：嗨，我告訴你們，又有人取笑我了，說我很笨，連球都不
　　　　會踢。你們知道我怎麼回應的嗎？

治療師：瓦力，告訴我們你怎麼回應的。

瓦力　：（瓦力示範）好。我聽了以後很生氣，我知道我應該要說
　　　　出被取笑的感受，可是我就是說不出來，所以我做了幾個
　　　　深呼吸，讓自己冷靜，然後我告訴自己：「我不要理他，
　　　　我比他更強。」然後就走開了，也找到其他的小朋友跟我
　　　　玩。

治療師：這麼做讓你有什麼感覺呢？

瓦力　：我感覺好棒！我覺得自己好強！

*✿ 你的解決辦法讓你有好的感受嗎？

治療師：（對學生說）你們覺得瓦力做得怎麼
　　　　樣？他的解決辦法公平嗎？有帶來好
　　　　的感受嗎？安全嗎？

　　許多幼童在最初步驟若未進行過一定的練習，將不會準備好來評估後
果。當孩子準備好評估解決辦法時，讓布偶問他們，如果他嘗試一個他們
提出的解決辦法，接下來會怎麼樣？例如，如果有孩子對「玩具被拿走」
這個問題所想出的解決辦法是「搶回來」或「打他」，實務工作者可用
「想像一下，如果你把球搶回來，接下來可能會怎麼樣？」這樣的問題來
幫助孩子思考可能的結果。孩子可能會想像「失去朋友」、「被老師處
罰」或「打架」等畫面。即使孩子提出的解決辦法不恰當，也應該以非批
評的方式來討論。如果孩子覺得他們提議的解決辦法受到批評，未來可能

將不再願意提出意見。

接下來，讓孩子想像一下另一個解決辦法的可能後果，例如：「有禮貌地請小朋友將玩具歸還」，或是「提議一起玩」。這麼做對方可能會將玩具歸還，但必須考慮的是，即使是利社會的解決辦法也可能無法達到預期的結果（有時即使是禮貌地請求，小朋友也可能不會將玩具歸還）。很多時候，孩子會因為事情的進展與他們的計畫相斥而感到驚訝或難過，而學習預測可能的結果可幫助孩子處理失望的情緒。評估解決辦法是解決問題過程中重要的一環，然而，必須確保這個練習不會成為煩累的，或強制的活動，孩子不需要對每一項解決辦法的後果都進行討論。

🔍 布偶示範腳本：「霏莉偷東西」

霏莉（布偶）：我今天來是因為我有一個問題。我需要幫忙。

治療師：這些孩子很會解決問題，他們一定能幫妳的忙。

霏莉　：這星期我在學校做了一件事，我的朋友露比有一個玩偶，她把它放在置物櫃裡，因為我好想要一個一模一樣的，所以就把它拿走了！後來露比很難過，因為她特別喜歡那個玩偶。

治療師：接下來發生什麼事情？

霏莉　：然後老師就問說：「誰拿走露比的玩偶？」我不想承認是我，所以就說謊了，我說：「不是我。」我很擔心老師如果知道是我，會處罰我。我知道我不應該拿露比的玩偶，可是我也很怕，如果露比知道是我拿走的，那她一定不會繼續跟我做朋友，而且老師也會跟我爸爸媽媽說，那他們一定會處罰我。

治療師：嗯，記得瓦力說過的嗎？我們應該要選擇會有好後果的解決辦法。聽起來妳選了兩個解決辦法：第一，妳因為很想要一個玩偶，所以把它拿走了；然後妳因為害怕，所以說謊了。讓我們想想這兩個解決辦法的後果。

> 學生：（用腦力激盪來回答，為什麼霏莉的解決辦法，從安全性、公平性、是否有好的感受來看，可能都不是最好的選擇。）
>
> 霏莉：我知道了，我選了兩個不好的解決辦法，而且因為我說謊，我把一個問題變成兩個問題了。那我現在應該怎麼做呢？
>
> 學生：（提議解決辦法，例如：承認錯誤、告訴老師和露比、道歉、將玩偶歸還。）
>
> 霏莉：妳對我很失望嗎？妳是不是因為我做錯事情所以覺得我很壞？
>
> 治療師：霏莉，妳知道嗎？每個人都有犯錯的時候。同學們，你們現在覺得霏莉怎麼樣呢？
>
> 學生：（告訴霏莉他們的感受。）
>
> 霏莉：我擔心我沒有勇氣承認錯誤，你們可以陪我一起練習嗎？
>
> 治療師：沒問題，我們找同學來扮演老師、露比和霏莉。
>
> （學生們角色扮演霏莉向露比和老師認錯，並體驗後果。）
>
> 霏莉：好，我來試試看。「露比，對不起，我拿走了妳的玩偶，現在還給妳，我不應該拿走的，我很想補償妳，妳可以選一個我的玩具拿去玩一陣子嗎？我們還可以繼續做朋友嗎？」呃，我做得好嗎？

　　在上面的示範情境中，實務工作者和布偶鼓勵孩子思考另一方的觀點和感受、承認錯誤、道歉和原諒。切記，讓孩子僅對利社會的解決辦法做練習，不適當的解決辦法不做練習。若不適當的解決辦法之後果需要角色扮演，則讓布偶示範演出壞的選擇，而非讓孩子來示範。

總結
·········

- 運用布偶呈現假想的問題情境，讓孩子練習解決問題。
- 運用布偶示範如何談論感受，幫助孩子清楚地定義問題及辨識相關的感受。
- 運用布偶幫助學齡前兒童將重點放在找出各種不同的解決辦法。
- 幫助孩子練習解決辦法，將解決辦法讓布偶示範演出。
- 用布偶示範演出一個孩子提出的解決辦法。
- 用布偶幫助小學學童將重點放在思考各種不同解決辦法的後果，好讓布偶或孩子做出最好的選擇。
- 當一個解決辦法行不通時，運用布偶幫助孩子預期接下來該怎麼做。
- 讓問題解決的情境具樂趣性及參與性，並對孩子提出的主意或解決辦法給予稱讚。
- 由你和你的布偶示範如何有效地解決問題。
- 切記，關鍵在於學習如何思考衝突的過程，而不是給出正確的答案。

註釋

1. 本章的圖為 David Mostyn 所繪製，並獲得超凡年歲課程的許可而使用。

2. Carolyn Webster-Stratton 已揭露一個潛在的利益衝突，由於提供恐龍課程的訓練和指導教材，因此會因正面評論而獲得財務上的利益。此利益衝突已揭露給華盛頓大學，並依照聯邦政策與大學政策的規範來管理。M. Jamila Reid 任職於超凡年歲公司，在恐龍小團體和教室課程中為實務工作者提供訓練。

參考文獻

Webster-Stratton, C. (2012). *Incredible teachers: Nurturing children's social, emotional, and academic competence.* Seattle: Incredible Years Inc.

Webster-Stratton, C., & Hammond, M. (1997). Treating children with early-onset conduct problems: A comparison of child and parent training interventions. *Journal of Consulting and Clinical Psychology, 65*(1), 93–109.

Webster-Stratton, C., & Reid, M. J. (2003). Treating conduct problems and strengthening social emotional competence in young children (ages 4–8 years): The Dina Dinosaur treatment program. *Journal of Emotional and Behavioral Disorders, 11*(3), 130–143.

Webster-Stratton, C., & Reid, M. J. (2005). Treating conduct problems and strengthening social and emotional competence in young children: The Dina Dinosaur Treatment Program. In M. Epstein, K. Kutash, & A. J. Duchowski (Eds.), *Outcomes for children and youth with emotional and behavioral disorders and their families: Programs and evaluation best practices* (2nd ed., pp. 597–623). Austin, TX: Pro-Ed, Inc.

Webster-Stratton, C., & Reid, M. J. (2008a). Adapting the incredible years child dinosaur social, emotional and problem solving intervention to address co-morbid diagnoses. *Journal of Children's Services, 3*(3), 17–30.

Webster-Stratton, C., & Reid, M. J. (2008b). Strengthening social and emotional competence in socioeconomically disadvantaged young children: Preschool and kindergarten school-based curricula. In W. H. Brown, S. L. Odom, & S. R. McConnell (Eds.), *Social competence of young children: Risk, disability, and intervention* (pp. 185–203). Baltimore: Paul H. Brookes Publishing Co.

Webster-Stratton, C., & Reid, M. J. (2017). The incredible years parents, teachers and children training series: A multifaceted treatment approach for young children with conduct problems. In A. E. Kazdin & J. R. Weisz (Eds.), *Evidence-based psychotherapies for children and adolescents* (3rd ed.) (pp. 122–141). New York: Guildford Publications.

Webster-Stratton, C., Reid, M. J., & Beauchaine, T. P. (2013). One-year follow-up of combined parent and child intervention for young children with ADHD. *Journal of Clinical Child and Adolescent Psychology, 42*(2), 251–261.

Webster-Stratton, C., Reid, M. J., & Hammond, M. (2001). Social skills and problem solving training for children with early-onset conduct problems: Who benefits? *Journal of Child Psychology and Psychiatry, 42*(7), 943–952.

Webster-Stratton, C., Reid, M. J., & Hammond, M. (2004). Treating children with early-onset conduct problems: Intervention outcomes for parent, child, and teacher training. *Journal of Clinical Child and Adolescent Psychology, 33*(1), 105–124.

Webster-Stratton, C., Reid, M. J., & Stoolmiller, M. (2008). Preventing conduct problems and improving school readiness: Evaluation of the incredible years teacher and child training programs in high-risk schools. *Journal of Child Psychology and Psychiatry, 49*(5), 471–488.

第 13 章

用布偶說故事：
烏龜技術 [1]

✳

Pam Dyson

前言

　　故事和布偶都是強大的學習工具，可搭起與兒童溝通的橋梁。兒童治療師的遊戲室裡通常有各式各樣的布偶，雖然如此，他們卻尚未探索布偶在幫助兒童辨識情緒和解決問題的潛在價值（Irwin, 1993）。治療師有時會忽略，孩子在說故事時會透露出他們的受挫感和內在衝突（Gardner, 1971），因此也就忽視了自己可給予他們的支持。本章我將描述如何運用烏龜技術與說故事，來幫助兒童學習自我控制和發展社交情緒的技巧。

烏龜技術之要點

　　烏龜技術使用烏龜將頭縮進殼裡的隱喻來教導孩子，在遇到強烈情緒或挫敗情況導致不知所措時，可以讓自己進入一個想像的殼裡（Robin & Schneider, 1974）。烏龜技術有三個步驟：(1) 生氣時，進入想像的殼裡；(2) 在殼裡放鬆；(3) 從殼裡出來，找出問題的解決辦法（Schneider,

1974）。在我的經驗裡，烏龜技術應用於四到八歲的兒童時效果最佳，以烏龜布偶來教導最適宜。

布偶易於讓幼童操弄，可增強他們的社交技巧，在管理受挫感也扮演很重要的角色（Feindler, 2009）。不論你將布偶用於個別或是小團體的兒童，皆需將如何使用布偶示範給兒童看，這一點很重要。可藉由三個基本步驟來達成：(1) 對布偶說話；(2) 為布偶發聲；(3) 讓孩子與布偶說話（Sharapan, 2016）。當孩子看到你和烏龜布偶說話時，他們會更願意和它說話。當你問烏龜問題，並讓烏龜回應問題，孩子會更受到對話的吸引。經過第一和第二個步驟，孩子顯得較自在後，再考慮讓烏龜直接對孩子說話。

當孩子對烏龜布偶顯得自在後，即可讓他們開始互相告訴對方故事，一些基本的故事開場包括：(1) 這件事情發生在我身上……；(2) 我做了這件事……；(3) 我下次可以這麼做……。通常孩子很難告訴成人的事情，他們會願意告訴布偶。

福客曼尼布偶公司（Folkmanis Puppets）銷售各式各樣的布偶，包括可將頭縮回殼裡的仿真烏龜布偶（見圖 13.1）。

這個烏龜布偶是我遊戲治療室中最受歡迎的布偶。烏龜布偶並不一定要購買，也可用便宜且隨手可得的材料來製作。我時常讓孩子們用紙杯、冰棒木棍、貼紙和活動眼睛自製烏龜布偶（見圖 13.2）。

紙杯用圖畫紙包起來後，用剪刀在底部切一個開口，貼紙用麥克筆畫出臉型並貼上活動眼睛，將其貼至木棍的一端，再將木棍的另一端置入紙杯底部的開口，孩子可將木棍在紙杯裡上下滑動，來代表烏龜的頭伸出殼外或縮回殼內（見圖 13.3）。

孩子會珍惜自己製作的東西，當他們自製烏龜布偶後，會更可能將它用於說故事和解決問題的創意活動上。

烏龜技術不局限於憤怒管理，我曾經將它調整，成功地讓孩子用在易於促發焦慮的情境中。有一個孩子將烏龜技術用於父母吵架的情況，另一個孩子將它用於雷暴雨來襲時。

圖 13.1　福客曼尼烏龜布偶

（攝影：John Dyson）

圖 13.2　製作布偶的材料

（攝影：John Dyson ）

圖 13.3　自製烏龜布偶
（攝影：John Dyson）

個案實例

　　六歲的男孩約翰就讀於幼兒園大班，在學校中出現憤怒和對同儕攻擊的行為，經老師的建議由父母帶來我這裡，因他無法管理受挫的情緒，同時缺乏社交技巧，因此很適合參加團體遊戲治療。

　　一開始我先和約翰進行了一次個別遊戲治療單元，以評估他的發展狀況。他一進入遊戲治療室，就馬上走到布偶區。他拿起烏龜布偶，將它遞給我，並對我說：「讓他說話。」我將烏龜布偶套在手上，說：「嗨，我叫塔克，你叫什麼名字？」約翰眼睛一亮，回覆道：「我叫約翰！」塔克回答：「很高興認識你，你幾歲？你讀哪間學校？」約翰回答：「我六歲，我讀克拉克小學。」塔克還來不及接下去，約翰就開始告訴塔克自己家裡的事情、學校的事情、同學的名字，以及他最喜歡玩的遊戲。塔克回

應：「你聽起來好像懂很多事情，我在想，不知道你可不可以幫我解決一個問題？」約翰靠近塔克，給他一個大大的微笑，回覆道：「可以啊！你碰到什麼問題？」塔克說：「有時候學校有小朋友會給我亂取外號，讓我很生氣，然後我就打他，然後老師就叫我去校長辦公室，校長就會打電話給我媽媽。因為我做了壞的選擇，所以媽媽、老師和校長都會對我生氣。可是小朋友讓我生氣的時候，我不知道該怎麼辦，所以就打他們。你有沒有好的主意呢？」約翰立即回應說：「我也有一樣的問題。你可以做幾個深呼吸，也可以告訴老師你需要自己安靜一下。」塔克興奮地說：「這真是好辦法！這讓我想起我的奶奶露西烏龜，她告訴我，當我生氣想打人的時候，可以把頭縮回殼裡、做三個深呼吸，然後把頭伸出殼外，再想想看，除了打讓我生氣的小朋友以外，我還可以做什麼。她把這個辦法叫做模仿烏龜，這個辦法很有用，你要試試看嗎？」

約翰點頭表示願意，塔克繼續說：「我們來扮演一下，假裝在學校有小朋友叫你笨蛋，讓你很生氣，你很想打他，可是你沒有，你嘗試模仿烏龜，因為你不像我有真正的殼，所以你可以把頭垂下，放在手掌裡。」約翰照著塔克的指示做，塔克繼續說道：「現在做三個深呼吸，我們一起做，準備好了嗎？一，二，三！現在把頭從殼裡伸出來，再想一個比打小朋友更好的辦法。」約翰停頓了一下，然後回答：「我可以跟老師說我要一個人安靜一下，她會讓我喝杯水。」塔克回覆：「這辦法很好。下星期你再來遊戲室時，我們可以一起做烏龜布偶，你可以把它帶回家練習模仿烏龜。」

第二單元是團體遊戲治療，參加的還有另外兩位六歲的男孩，他們的問題是不願與人分享玩具，也很容易生氣。我把塔克套在手上，問約翰是否願意幫我示範給另兩位男孩怎麼模仿烏龜，他同意了。我們兩人一起示範了烏龜技術，之後我指著一個裝有材料的袋子，建議他們用紙杯、冰棒木棍、貼紙和活動眼睛來製作烏龜布偶。他們很認真地製作布偶，接著每個男孩分享讓他們生氣的故事，並練習模仿烏龜，男孩們也為彼此提供問題的解決辦法。

第三單元時，約翰因為團體裡有個男孩取笑他而感到難堪，他停頓了一下、深吸一口氣，然後邊哭邊說：「他讓我好生氣，我好想打他，可是如果我打他，一定會受處罰。」約翰的哭泣漸漸轉為抽噎，然後他做了幾個深呼吸並慢慢地前後搖動，重複地說：「我想打他，可是如果我打他，我就會受處罰。」那天約翰身穿帽T，他將帽子往上拉，並蓋過頭，模擬縮進烏龜殼裡的動作，並繼續深呼吸。我向約翰靠了過去，說道：「你在模仿烏龜，你在深呼吸，你沒有打他，你選擇不打他而是做深呼吸。」我重複這些句子，直到約翰停止哭泣，呼吸變為規律。當他平靜下來時，我告訴他應該為記得模仿烏龜讓自己冷靜下來而感到驕傲，約翰對我露出微笑，臉上的淚水還未乾。

烏龜技術需要練習才能有效地運用。很重要的一點是，父母、老師和其他照顧者應接受指導，知道如何運用烏龜技術，如此，他們才能與孩子討論，並提醒孩子在無法控制情緒時使用這個技術。說故事與烏龜技術的結合使用，讓兒童能夠分享自己的故事，並找出具創意的解決辦法。

註釋

1. 本章描述的案例是由數個案例組合而成，細節已經過更改，故無法回溯至實際的個案。

參考文獻

Feindler, E. L. (2009). Playful strategies to manage frustration: The turtle technique and beyond. In A. Drewes (Ed.), *Blending play therapy with cognitive behavioral therapy* (pp. 401–422). Hoboken, NJ: Wiley & Sons.

Gardner, R. A. (1971). *Therapeutic communication with children: The mutual storytelling technique.* New York: Science House, Inc.

Irwin, E. C. (1993). Using puppets for assessment. In C. E. Schaefer & D. M. Cangelosi (Eds.), *Play therapy techniques* (pp. 69–81). Northvale, NJ: Jason Aronson, Inc.

Robin, A., & Schneider, M. (1974). *Turtle manual.* Retrieved January 10, 2017, from http://files.eric.ed.gov/fulltext/ED128680.pdf

Schneider, M. (1974). Turtle technique in the classroom. *Teaching Exceptional Children*, 7, 21–24.

Sharapan, H. (2016). *The power of puppet play—it's not just make-believe.* What we can continue to learn from Fred Rogers. Retrieved January 10, 2017, from www.fredrogerscenter. org/2016/01/20/the-power-of-puppet-play-its-not-just-make-believe

第 14 章

用於遊戲治療的指偶

✳

Jo Ann L. Cook

世界正如一座舞台，

不論男女皆是舞台上的演員：

各自有上場和退場的時刻；

在台上的一生中皆扮演許多不同的角色……

　　　　——威廉・莎士比亞，《皆大歡喜》（*As You Like It*）

前言

　　指偶可作為兒童感覺動作期用來發展手眼協調能力的手指遊戲（「大拇哥、二拇弟、三師兄、四小弟、小妞妞來看戲」）的延伸。這個小小的舞台為未來的情緒和思想的表達，與行動的指導提供了一個選項。可直接在手指頭畫上臉部，直接扮演各種角色；也可套上套指布偶，拉大演出者和觀察者與角色間的距離，以增加客觀性，並促進改變過程的開始。指偶劇的直接性和簡單性使參與者易於觀察。

描述

．．．．．．．．．

指偶可應用於學齡前到學齡期的兒童，也可應用於處在這兩個發展階段，年齡更大的兒童。指偶易於操弄，材料也容易取得，讓故事的建構易於開始（見圖 14.1）。藉由同時使用多個角色，說故事的過程可不受中斷，讓想法和事件的順序及進展源源不斷地流出。可使用圓木楯（Cook, 1997）和橡皮球來做布偶的頭部（Jenkins & Beckh, 2002），將布偶個人化，也可將家庭成員繪製在手套的手指部分，視需要可加上小道具（見圖 14.2）。可將鞋盒或木條箱改裝為微型舞台，或是布置可更換的舞台背景。可以用聚光燈將燈光照射在角色身上，也可用燈光的明暗變化來代表月落和日出。小小的空間眼手可及，有助於孩子注意力的集中與彼此的互動。舞台可用盒蓋或布簾覆蓋，在開演前保持場景，也可作為不同場景間

圖 14.1 指偶收藏

圖 14.2　兒童製作的指偶

的分隔。這個過程給了孩子一個完全和特別的個人空間，由他（她）自己
擔任導演、參與者和觀察者的角色。

原理

　　在前運思期和具體運思期發展階段間的兒童可從表徵客體的運用來獲
益，他們藉由演出可投射、辨識，並掌握自己的情況和處境，身體的直接
接觸和指偶的操弄使這項任務易於達成。多個人物角色可立即上手，讓故
事順暢地發展，進而讓敘事順利完成。相較於較大的套手布偶，指偶不需
非常嫻熟的操弄技巧，也不需頻繁地為搜尋更多的布偶而中斷劇的演出。
不論是視野上或動作順序上都能使孩子的參與最大化。各式各樣的布偶可
供孩子任意選擇，讓孩子在建構故事的過程中，能隨時不受限制地增加人

物。孩子在演出故事的過程中觀察到自己的思想和感受，因此，相較於之前，會更能解決問題，也更能預測潛在的選項及結果。這樣的經驗有助於將孩子從先前固定不變的景況推進至一個他們更能控制和掌握的未來。這些都發生在三維的立體空間裡，一個孩子可操作，且其思想和想法得到建構的世界裡，進而可幫助孩子更恰當地面對新的情況。

應用

手指能構建多重角色，因此指偶的應用也得到了擴大。手經常被視為代表家庭的單位，可提供角色的相對體型、出場順序，和角色間的接近性等資訊，也能展示布偶的身分，以及角色間的動力。自我的各個面向也可應用於指偶，但這更有可能是以動物來呈現各個不同面向的個性和行為。一隻手演出布偶劇時，另一隻手可使用道具或更換舞台。兒童時常讓治療師操控燈光，必要時提供道具，或與其他指偶的觀眾一同觀察。有研究顯示，簡單的影片錄製作為日後檢討和定格描述，對治療是有幫助的，特別是對患有選擇性不語症的兒童。若事先得到許可，錄製的影片之後也可與父母、老師或選定的同學分享。檢討和觀察孩子的布偶劇之後，接下來的應用通常是增加說話的聲量和時間，有時也會在教室小團體活動中增加成員的口頭參與。其他的應用包括，分別使用兩手演出兩個不同的場景，以代表過程和改變（見圖 14.3 和圖 14.4），包括真實的／理想的情況；觀察前／觀察後，例如，目前的和未來的自我（我／未來最好的我，老我／新我）；或一個場景將兩隻家庭手套組成一個混合家庭。也有研究顯示，布偶對促進遊戲的進行很有用，因為在練習新技巧時用布偶來做角色扮演非常容易。

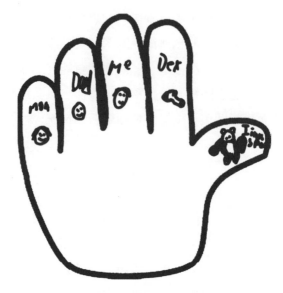

圖 14.3　指偶的手套家庭

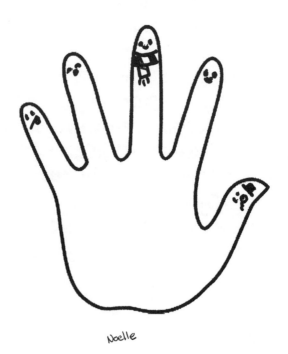

圖 14.4　手指布偶

案例說明
················

　　就讀一年級的蘇菲有語言發展遲緩、學習障礙、注意力障礙和焦慮症的過去史。她經常將自己和有天賦的姊姊相比，認為自己比不上她。蘇菲常常為了逃避上課跑去保健中心，也會編造誇張的故事來獲得關注。她以非常快的速度將布偶故事說完，治療師從故事中對她的長處和弱點有了更多的了解、對她的結果更為樂觀、對她在家裡的身分也重新認識。故事一開始介紹了一系列的皇室成員，描繪王國裡舉辦的慶祝大會，敘事者為置於家庭上方的巫師布偶。公主住在滿是珠寶的城堡，她是大姊，所有的人都是皇室成員。皇室有個傳統，每五百年他們得在王國各處蒐集所有的特殊物品，放在城堡旁送給公主。所有的物品都歸給大姊，因為她喜歡蒐集東西，因此所有珍貴的物品都歸給她，我們把它稱為「公主樂園」。不過，妳也可以成為公主，只要住在這裡的女孩都可以成為公主，這裡將有兩位公主。

 參考文獻

Cook, J. A. L. (1997). The Dowel finger puppet technique. In H. Kaduson & C. Schaefer (Eds.), *101 favorite play therapy techniques* (pp. 191–193). Northvale, NJ: Jason Aronson Inc.

Jenkins, R. L., & Beckh, E. (2002). Finger puppets and mask-making. In C. E. Schaefer & D. M. Cangelosi (Eds.), *Play therapy techniques* (2nd ed.) (pp. 115–122). Northvale, NJ: Jason Aronson Inc.

第 15 章

遊戲治療中的布偶技術運用於
兒童性虐待創傷

Athena A. Drewes

前言

兒童性虐待創傷治療的常規做法通常是認知行為療法（Deblinger
& Heflin, 1996）。治療通常採用有實證基礎的取向進行，例如創傷焦
點認知行為治療（trauma-focused CBT, TF-CBT），這方法有結構性和
教育性，而且是遵照手冊來進行治療（Cohen, Mannarino, & Deblinger,
2012）。TF-CBT 的核心價值是彈性，這讓臨床工作者可以應用有趣的
方法，而無論是否用於創傷，TF-CBT 對於大多數兒童的介入之所以能
成功，主要是透過「臨床工作者的創意、改編能力和玩性」（Briggs,
Runyon, & Deblinger, 2011, p. 174）。認知行為治療比較適用於八歲及以
上的孩子，這些孩子已經發展出抽象想法能力，並且能夠對治療師的口語
指令和心理教育教導進行口頭表達和回應。年幼的孩子沒有認知或言語能
力來理解某些抽象概念，例如「感覺三角」，或者無法完整的描述自己的
創傷。

有一些幼兒口語和（或）認知上受限，並且難以掌握 TF-CBT 的要

素，對他們實施 TF-CBT 相當具有挑戰性。運用合於發展的遊戲來執行 TF-CBT 要素，可以讓孩子和父母感到更放鬆、更投入，保持興趣和維持專注，並且透過採用兒童的自然學習風格和生活經驗的多重模式取向來處理及理解每個 TF-CBT 要素。融合遊戲和遊戲技巧，特別是布偶遊戲，可以讓認知行為治療的實施更有效，也能夠支撐投入和強化參與，同時又不違背理論基礎，也不會破壞治療方法的忠誠度（Drewes, 2009; Drewes, 2011; Drewes & Cavett, 2012; Knell & Desari, 2011）。如果沒有好玩的成分，幼兒可能會把治療活動視為正式的學業任務，並且可能變得不感興趣或拒絕參與。

在發展 TF-CBT 二十多年的過程中（Cohen & Mannarino, 1996），很明顯地，「兒童對治療的反應與成年人的反應截然不同，在促使兒童參與治療歷程上，遊戲成分成為關鍵要素，就跟父母的參與同等重要」（Briggs, Runyon, & Deblinger, 2011, p. 169）。透過運用布偶和遊戲本位的技術，承載困境及情緒的創傷素材比較可以輕鬆地消化，這些技術成了「酵素」（Goodyear-Brown, 2010），可以溶解與創傷記憶的痛苦連結。接著，遊戲的療癒力（Schaefer & Drewes, 2013）讓孩子的不適感和對治療的抗拒逐漸降低，同時增強了孩子的控制感和自信。因此，在 TF-CBT 中應用布偶遊戲和遊戲本位的技術與 TF-CBT 是一致的，也已經被加速整合進這個取向當中，以便用來幫助促進幼兒的投入，就如同組成 TF-CBT 的心理教育和技能建立一樣。

布偶的運用

一般來說，配合著填充動物布偶、閱讀治療以及其他可以示範認知策略的玩具，布偶遊戲已經被用於認知行為遊戲治療中（Knell, 1993; Knell & Desari, 2011; Meichenbaum, 2009）。用布偶來演出兒童經常發生的一些場景最為有效，例如同儕衝突、臥室裡有關的恐懼、勇敢說「不要」和自我肯定的能力，以及對立和其他行為問題。比起單純討論或演出相比，

遊戲中的角色示範遇到的抗拒通常比較小。在添加細節和替代解決方案時，臨床工作者的玩心會讓訊息能被聽到。在預演和演出場景以及練習自信技巧時，孩子會感到被賦能。可以運用指偶和一般布偶，幼童可能更喜歡運用指偶，因為相對於比較大的手偶，指偶更小、更好操控。

很重要的是要留意幼童不太會平衡幻想和現實，他們通常會對布偶做出反應，就好像布偶活著而且在和他們「說話」一樣。常見的情況就是兒童視線固定在布偶上，而不是在治療師或布偶操作者，即便治療師都已經用正常的聲音在講話。因此，幼童可能難以承受特別恐怖或有攻擊性的手偶，因為他們會認為它活著並且正在威脅他們。

創傷布偶技術

● 三頭龍

學習什麼是想法，還有想法、感覺、行為三者間的關聯，對於一個幼兒來說往往複雜到難以理解。運用三頭龍布偶（福克曼尼布偶公司所銷售；見圖 15.1）（Drewes, 2009, 2011; Drewes & Cavett, 2012）可以從視覺上向孩子展示我們的想法、感覺和行為互相關聯。

目標是幫助「想法」龍頭慢下來或睡著，好讓「感覺」和「行動」龍頭能夠被聽到或平靜下來；又或許相反，可以平息情緒，並幫助想法龍了解正在發生的事情，從而使行為龍不需要行動外化。它還可以顯示想法或知覺上的扭曲，例如「那個男孩在瞪我」的想法，可能導致小孩立刻打那個男孩，而同時感覺龍頭感到害怕，擔心被打而覺得有需要保護自己。但是，藉著覺察及改變想法，行為也會跟著改變。

三個龍頭全都長在同一具身體上，就像所有的想法、感覺和行為都屬於孩子一樣，可能一次出現一個，或者好像在孩子面對某些情境下模模糊糊中全部湧現。治療師可以對孩子運用特定的情景，然後觀察可能會產生什麼相應的想法、感覺和（或）行為。可以探索情境的特定觸發因素或前

圖 15.1　三頭龍
（攝影：Athena A. Drewes）

置因素，並做成事件的階層，然後就可以發想各種解決方案。

　　三頭龍還可以用來幫助解釋我們每個人內在同一時間不只有一種感覺，有時感覺同時具有兩種或兩種以上的矛盾情緒，例如對某人同時感到憤怒和愛。有時候一種感覺變得如此強烈，以至於其他的感覺被隱蔽了，或者「睡著了」而沒有被感受到，這讓人對自己的感覺覺得困惑和不確定，或者以為他們只有一種感覺（像是憤怒）。要是我們能夠平息憤怒龍的感覺，讓它休息或入睡，那麼其他的感覺就會出來，孩子就能感受和體驗到。

● 在創傷敘事工作中運用布偶

可以運用布偶來表達孩子在揭露創傷事件前後不同的感覺，方法是所運用布偶的臉部特徵（嘴、眼、鼻子形狀）附上魔鬼氈，可以替換且容易移除（Goodyear-Brown, 2010）。孩子可以透過改變布偶的面部表情來表現前後的不同感覺。嘴巴張開，或甚至有拉鍊嘴的布偶，也可以作為存放秘密紙條的地方，秘密可以插入嘴中直到下一個單元，以確保秘密獲得安全保存。孩子可以寫下他害怕公開表達的秘密，然後把紙摺起來，放到布偶的嘴或有拉鍊的動物裡，以便安全地保管到孩子覺得可以取出並與治療師分享的時候（Goodyear-Brown, 2010）。

在治療中需要處理或談論困難的主題時，握著或拿著布偶也能有舒緩效果。而且，由於創傷可能會帶來事件中令人害怕的畫面和想法，因此多重模式介入能緩解不舒服，減少沒有辦法談論事件的狀況。在創傷工作中運用布偶有助於讓兒童運用多重感官的方式來回溯他們的創傷記憶，並創造他們的創傷敘事，這是 TF-CBT（和所有創傷治療）必要的療癒要素。因此，用來達成 TF-CBT 成分目標的遊戲介入，特別是創造敘事，對兒童來說相當有吸引力。這些做法可以讓兒童的經驗更容易對治療師表達，並有助於克服治療過程中常遇到的困難。透過運用布偶，治療師在直接處理創傷的過程中會感到比較自在，同時帶著玩心也讓孩子感到更加真實、可信。

「非禮勿視，非禮勿聽，非禮勿言」的古老格言通常會讓人聯想到三隻猴子的雕像或圖像，三隻猴子的手分別放在眼睛、耳朵和嘴巴上。以下的技術利用了好玩的猴子布偶，治療師可以善用它來示範，或者是讓孩子來運用它，讓猴子的手遮住眼睛、耳朵、嘴巴、鼻子和身體，以探索在性虐待中出現的感官經驗。講出故事的目的是為了盡可能帶出最多的記憶，這些記憶通常在大腦的杏仁核中編碼並隱藏起來，以至於無法言說，但受到感覺和感官提示物的影響，可能進而導致創傷後壓力障礙症（PTSD）行為。通常要與個案進行兩次或以上的回顧，每次都要「更深入」，探索

一開始還能記得的故事之外，還可以看看是否能在一天中的某個時間、一年中的某個月，加添一些點綴，例如聽過的聲音、想起來的氣味、說過的話或曾經歷的身體感覺。這種越來越深的重複，讓事件能被記得更完整，最後讓事件的相關症狀和觸發因素得到更完全的療癒與平息。

作者採用了 Paris Goodyear-Brown「非禮勿視，非禮勿聽」技術（2010）的改編版，把三個猴子雕像放在沙盤中，這三隻猴子的其中一隻猴子手遮在眼睛上，另一隻手摀耳朵，另一隻手則遮掩住嘴巴，然後問孩子他希望什麼不好的事情未曾發生（或不曾見過、聽過或說過的）。如果孩子無法說出答案，他可以畫一幅畫或在紙上寫下回應，然後將紙塞到猴子雕像下面（見圖 15.2）。

圖 15.2 看、聽、說及感覺
（攝影：Athena A. Drewes）

看、聽、說、聞及感覺猴子

請孩子回想，他們看到了什麼當時希望自己不要看到的景象（例如，加害者進入他們的房間），同時讓猴子把手放在眼睛上；然後，他們希望自己那時候看見的是什麼景象（例如，父母進來阻止事情發生；警察抵達家中）。

接著，詢問孩子聽到什麼當時希望自己不要聽到的聲音（例如，加害者打開門；有人達到高潮的聲音）；以及他們希望自己那時候聽到的聲音（例如，警笛聲越來越近；父母大聲叫喊某個人滾蛋）。接下來要問到的類似問題包括孩子可能曾對加害者說了什麼話，孩子希望自己曾說些什麼話；以及他們可能聞到或感覺到什麼，或希望聞到或感覺到的東西，同時猴子的手伸到嘴巴、鼻子和整個身體。

能夠操縱或甚至模仿猴子，有助於賦能孩子，並將駭人影像的強度轉弱。追求影像細節時可能會造成心跳、呼吸和體溫增加等象徵失調的狀況，這時猴子布偶的柔軟觸感也有助於緩和孩子焦慮和前述的生理反應。治療師可能還需要在此階段間歇地運用一些放鬆和深呼吸練習，以幫助減緩任何可能的情緒激發或失調，必要時可以運用猴子布偶示範深呼吸給孩子看，讓孩子一起做。

總結

布偶已成為在 CBT 創傷治療中幫助兒童辨識情緒、回想記憶以及學習困難抽象概念的有用工具。他們的療癒能力不容小覷！將遊戲治療與認知行為取向整合起來，可以確保經歷創傷的幼兒獲得適性發展的介入。

參考文獻

Briggs, K. M., Runyon, M. K., & Deblinger, E. (2011). The use of play in trauma-focused cognitive-behavioral therapy. In S. W. Russ & L. N. Niec (Eds.), *Play in clinical practice: Evidence-based approaches* (pp. 169–200). New York: Guilford Press.

Cohen, J. A., & Mannarino, A. P. (1996). A treatment outcome study for sexually abused preschool children: Initial findings. *Journal of the American Academy of Child and Adolescent Psychiatry, 35*, 42–50.

Cohen, J. A., Mannarino, A. P., & Deblinger, E. (Eds.). (2012). *Trauma-focused CBT for children and adolescents: Treatment applications.* New York: Guilford Press.

Deblinger, E., & Heflin, A. H. (1996). *Treating sexually abused children and their nonoffending parents.* Thousand Oaks, CA: Sage Publications.

Drewes, A. A. (2009). *Blending play therapy with cognitive behavioral therapy: Evidence-based and other effective treatments and techniques.* New York: Wiley.

Drewes, A. A. (2011, April). *A skill-building workshop: Effectively blending play-based techniques with cognitive behavioral therapy for affect regulation in sexually abused and traumatized children.* Paper presented at the Annual Conference of the Canadian Association for Child and Play Therapy, Guelph, ON, Canada.

Drewes, A. A., & Cavett, A. M. (2012). Play applications and skills components. In J. A. Cohen, A. P. Mannarino, & E. Deblinger (Eds.), *Trauma-focused CBT for children and adolescents: Treatment applications* (pp. 105–123). New York: Guilford Press.

Goodyear-Brown, P. (2010). *Play therapy with traumatized children: A prescriptive approach.* New York: Wiley.

Knell, S. M. (1993). *Cognitive-behavioral play therapy.* Northvale, NJ: Jason Aronson, Inc.

Knell, S. M., & Desari, M. (2011). Cognitive-behavioral play therapy. In S. W. Russ & L. N. Niec (Eds.), *Play in clinical practice: Evidence-based approaches* (pp. 236–262). New York: Guilford Press.

Meichenbaum, D. (2009). Foreword. In A. A. Drewes (Ed.), *Blending play therapy with cognitive behavioral therapy: Evidence-based and other effective treatments and techniques.* (pp. xvii–xix). New York: Wiley.

Schaefer, C. E., & Drewes, A. A. (Eds.). (2013). *The therapeutic powers of play: 20 core agents of change* (2nd ed.). Hoboken, NJ: Wiley.

第 5 部
族群與情境

第16章

在家庭治療中運用布偶與受創傷及性虐待的個案工作

※

Eliana Gil、Quinn K. Smelser

前言

　　家庭系統中最年幼的成員應該要能夠積極參與家庭治療，為此，結合遊戲本位的技術對於含括所有成員的家庭治療至關重要，在家庭治療中運用布偶就是一種這樣的技術。Irwin 和 Malloy（1975）發展了「家庭布偶訪談」（FPI）作為有溝通困難家庭的非正式評估工具。家庭布偶訪談可以讓治療師在完成目標的同時看到家庭的互動模式（Irwin & Malloy, 1975）。Gil（1994）確立了評估階段之外的整個家庭治療過程中可以運用布偶的方式。透過布偶，家庭可以安全地投射問題內容，進而象徵地顯示家庭中個人及群體的動力（Irwin & Malloy, 1975; Gil, 1994）。

　　Landreth（2012）概述了遊戲作為兒童溝通形式的象徵本質，此外，Gil（2016）也強調兒童在遊戲中所運用隱喻和象徵的重要性。在家庭治療中，家庭也會帶入象徵或用隱喻做連結。布偶可以讓兒童和家庭「參與將具體經驗與抽象思考連結起來的象徵遊戲」（Hartwig, 2014, p. 205）。布偶可能象徵著家庭中的家庭成員、系統議題或特定問題。在

家庭會談單元裡，在家庭治療中體驗性地運用布偶，可以透過創造「治療距離」來緩和情緒強度（Pereira, 2014, p. 395）。布偶故事能產生隱喻，可作為治療性復原歷程的起點。

　　用於家庭治療時，布偶可以是家庭用來外化問題的媒介。在與兒童合作中，Butler、Guterman 和 Rudes（2009）指出了布偶如何化身為問題，從而形成了「治療距離」（Pereira, 2014, p. 395; Butler et al., 2009）。家庭系統、個別成員們以及他們之間的爭鬥這三者所創造出來的空間，讓家庭將問題外化，這是敘事治療的目標（White & Epston, 1990）。Sori（2011）進一步示範將布偶運用在敘事治療中，把布偶納入迴響團隊（reflecting team）。作為迴響團隊的一份子，布偶說出它們在單元中看到的事情，而接下來治療師可以利用這些素材做迴響，也可合併說出過程中出現的一些不良適應模式（Sori, 2011）。迴響布偶可以由家庭成員指導，也可以由治療師指導（Sori, 2011）。這讓家庭不會陷入責備模式，並為家庭成員創造了情緒安全感，好讓他們了解他們的關係議題（Sori, 2011; Karakurt, 2012）。

　　布偶有助於解決家庭治療中的諸多主述問題。Nutting（2015）概述了一個以布偶戲外化兒童疾病的案例。由於布偶藉由象徵和隱喻在運作，家庭可以溝通與其種族、文化背景有關的特定內容，也可以溝通他們的家庭傳統及一些細微差別（Karakurt, 2012）。Johnston（1997）於文獻回顧中談到布偶是治療師可用於遭受性虐待的兒童一種既受歡迎且有效的遊戲治療技術。遭受性虐待的個案常常會出現極端強烈的情緒以及強化的臟器創傷。由於家庭治療會觸發強烈的情緒和令人不悅的內容，因此布偶對於創傷與性虐待的個案特別有用。有了布偶，在治療中產生的狀況就可以投射到兒童和家庭可以控制的東西上面（Johnston, 1997）。以下的案例情境描述了在家庭治療中運用布偶的實例。這個家庭有性創傷史，最近又有創傷事件，使得這家人再次尋求治療。

案例說明

在一場大火讓這家人重新安置後，莫妮克和尚恩這對父母帶著九歲的蕾哈娜和她的六歲弟弟小尚恩接受治療。電線故障導致家中地下室發生爆炸，房屋迅速被火焰燒毀，幸好寒假期間他們全家帶著狗布利回老家探視，住在地下室的奶奶埃絲特也因為其他計畫沒有成行所以跟著他們一同出遊。莫妮克和尚恩事發後才知道這起大火，維吉尼亞州消防署跟他們聯繫，告知他們房子已經被燒光光。這對父母知道自己失去一切時非常震驚、難過：舊照片、電腦、油畫、家具、衣服和其他所有東西都付之一炬。不過，他們也慶幸一家人都平安，而且還能有老家的支持，因此尚恩持續在維吉尼亞州與北卡羅萊納州之間往返，直到他在維吉尼亞州為家人找到一間小公寓，同時間燒掉的房子就地重建。莫妮克能夠持續遠距工作，直到她回到維吉尼亞州重拾正常的生活。

我（Gil）知道這一家人是因為小尚恩曾在學前機構中被性虐待，他出現的過度警戒和焦慮需要一些專業服務。此外，他經常有攻擊性，常想到性，同時間姊姊蕾哈娜出現了夜驚和過度警戒，她的弟弟有樣學樣，出現退化的哭泣和黏人行為，需要額外的保證和安慰。此外，他開始過度自慰，媽媽對「他仍然沒走出性虐待」感到難過，我向這位母親保證，自慰可能是孩子撫慰自己的方式，也或許他想起他過去的創傷，因為他覺得如同被虐待那時一樣無助和困惑（情感的橋接）。父母對孩子很敏感，並對孩子需要這麼長時間才能安定下來感到不耐煩。他們告訴孩子，他們運氣很好可以全家人在一起，沒有人受傷，也有資源足以重建家園並更換家當。這樣的解釋看似合理，但對這麼年幼的孩子可能不太適合。

我很快地正常化孩子的反應，陳述這個悲劇性事件讓這個家庭遭受創傷並且必須改換住所，同時預估孩子可能需要長達六個月或甚至更久的時間才能穩定下來，回到創傷以前的功能，因為這段期間發生太多的變化了。此外，因為小尚恩更年幼時曾遭受過創傷經驗，他會更脆弱一點，他

的無助感可能會被觸發。我們討論了家中的例行事項以及時間表要怎麼重新安排，討論哪些失去的重要物品要優先重購，大家努力盡快讓他們的小公寓變得更像是家。

在北卡羅萊納州時，孩子們不想回到臨時學校，又因為母親是在家工作，她覺得讓孩子待在她身邊很重要。回到維吉尼亞州之後，這種逃避學校的行為仍然持續，我鼓勵她與孩子們討論重返校園的期程表，幫他們準備好怎麼回答朋友和老師可能提出的無數問題，因為火災已經人盡皆知。媽媽接受了這個想法，同時肯定地說，她的孩子需要鼓勵才能重啟生活，而不是「溺愛」。莫妮克回報說她自己正遭受創傷經歷的後遺症：她常發現自己在細數失去的物品、感覺聞到煙味，還有會擔心新公寓的所有電線管路。她對這種新壓力的最佳應對是埋首於工作，她和丈夫都很想走過這段經歷，因此盡量忙於工作，期盼能盡快回家。要回家可能還需要再九到十二個月，所以我的建議是在這段過渡期花一些心思創造出溫暖、結構化的環境，他們接受了建議。

● 蕾哈娜和小尚恩的個別聯合治療

我和蕾哈娜、小尚恩一起碰面，因為他們的症狀看起來相像，他們經歷了相同的第一型創傷（外在事件）。他們的父母苦於失去所有財物及重建家園相關的憂慮及擔心，但是他們是一對有資源、有韌性的夫婦，非常投入於基督教社群裡，並且竭盡所能為他們的孩子提供安全穩定的環境。

孩子們輕鬆地探索房間（小尚恩不記得這空間，因為是新房間），用口語或者非口語的方式表達，而小孩子似乎想到他們的母親（或父親）在等候室，因此找了很多理由出去找他們。此外，孩子們到我辦公室不久之後就找到了一種方法，可以把等待的父母帶到房間玩，因此我很快就明白，比起個別或聯合治療，孩子們能從家庭治療中獲益更多。特別是他們需要與父母更加親近，並渴望得到安慰和保證。然而，父母面臨許多方面的挑戰，包括監督工地、協商工作要求、處理保險理賠，以及為他們所有人購買必要的家具、家庭用品和衣物。每個人都滿手事，孩子們需要父母

能穩定與他們相處的時間卻是十分不足,因此家庭治療似乎宜早不宜晚。我在星期六與這家人見面,目的是減輕他們在上班日開車到我辦公室的壓力。

● 家庭治療

我特地設計了幾次家庭治療單元以增加自在、恢復情感連結,以及促進溫暖舒適的共處時光。一家人很快就能放鬆下來,很明顯他們有正向共處經驗的厚實基礎。小尚恩在單元中表現出一些性意味的舉動,我指導父母做設限,轉移他的注意力,冷靜、清楚地表達他們的期望,亦即私密的身體接觸只能私下進行。小尚恩很快有好的回應。我在前幾個單元做的一些練習受到治療遊戲(Theraplay)的啟發,並優先考慮了肢體運動、能量、笑聲和趣味(Booth & Jernberg, 2009)。孩子們玩得很開心,甚至問他們是否可以更常過來,還邀祖母來玩(她在第二次聯合單元之後真的來了)。

大約在第五單元,我選擇引入布偶,以便給這家人一個方法,透過布偶講故事來創造集體隱喻。家庭布偶治療的指導語很簡單:

> 就像你們看到的,這裡有各種布偶讓你運用,我想要你們做的是(用布偶)編一則故事,它要有起頭、過程和結尾。規則只有兩個:故事要自己編(不能重講一個像灰姑娘那樣的流行故事),並且必須把故事演出來,而不只是說出來。(Gil, 1994)

孩子們立即開始環顧四周,在他們發現外星人、蛇、蚊子、松鼠、毛毛蟲/蝴蝶、大猩猩等時似乎很高興。孩子們相互分享想法,給他們父母和祖母建議,在房間裡一下試布偶、一下試講,他們手足間的溫暖關係從前述中一覽無遺。我跟這一家人說,我會走進後台保持安靜以給他們隱私空間,而他們應該演練故事,直到他們準備好演出。在每個人賦予布偶性格、目標和故事中的角色時,故事就活過來了。他們的笑聲充滿了整個房

間，這聲音對我們來說是充滿歡樂。他們的家庭動力是互相尊重及合作。父親的特殊角色是批准故事情節或提供其他建議，他總是問他的妻子莫妮克是否同意，她幾乎永遠是同意。祖母的角色是在孫子們所做的一切中取樂，他們的正面依戀關係也很明顯。兩個孩子都確保祖母有非常特別的布偶，並鼓勵她將椅子挪近他們，以便她可以更參與其中。

● 故事預演

小尚恩首先提出了一個故事，有人在鋪設鐵軌好讓火車能連接不同城市，「這樣一家人要互相拜訪就可以更快了！」後來故事演變成家人從一個城市到另一個城市參加就職典禮。蕾哈娜願意當廚師為乘客提供飯菜，但蕾哈娜開玩笑說「如果他們把所有食物吃光！」她和祖母將為客人表演，成為「餘興節目」。她不想在廚房裡工作，因為可能會「熱到爆炸！」爸爸尚恩說他可以當司機，莫妮克說要幫他注意安全，讓他知道軌道上是否有任何異狀，或是有意料之外的危險。這個故事很快就成形，儘管在整個排練中變動多次，但除了一些顯著的例外，架構幾乎保持不變。火車在幾個城市間接送乘客，尚恩建議有一次要「提早到達」，這樣他將能夠「輕鬆」入站，不會有遲到的壓力。大約 35 分鐘後，這家人似乎已經準備好講故事了，因此向我示意他們已經準備好了。

● 家庭布偶故事的述說

就了舞台定位讓這一家人似乎很興奮，同時他們開始講故事。駕駛和監控人員在最前面談論啟動引擎，檢查剎車和哨子，並且回頭確保所有人都在車上。父親有一個「戴著帽子，頭髮灰白並且留鬍鬚的老人布偶」，母親有一個穿著藍色衣服、長得像警察的布偶，蕾哈娜選擇了大猩猩和蚊子，小尚恩選擇了蛇和外星人，埃絲特選了蝴蝶。所有人都假裝登上火車，故事如下：

蕾哈娜開始講故事：「我們要去家庭旅遊，哎呀，忘記帶我們的寵物，等一下，我們必須用跑的才來得及帶我們的寵物，他到哪都需要跟著

我們。」孩子們跑去找一隻狗布偶代表寵物，他們還同意將一隻袋口裡有小袋鼠的袋鼠布偶帶著。蕾哈娜繼續說道：「呼，好險，我們差點丟下了一位重要的家庭成員，忘記他的話我們會非——常遺憾。」小尚恩補充說：「對呀，如果我們把他留在家，他可能會變成脆皮小動物。」

一家人假裝在火車間行走時遇到顛簸差點跌倒，他們並指出了沿途看到的游泳池、公園和雲霄飛車。突然間火車發出刺耳的煞車聲停了下來，車掌說：「先生、女士，我們已經完全停下來了，因為有樹倒在前面的軌道上，軌道已經封閉，我們必須等到他們把樹移開才能繼續啟程。不要驚慌，再稍等一會兒。」

小尚恩把袋鼠拿給司機（他爸爸）說：「袋鼠寶寶很害怕，他擔心會發生不好的事情。」司機向他保證不會發生任何不好的事情，寶寶對他說：「你不會知道，你永遠都不會知道，也許那棵樹撞到了電話線，然後就起火！」這故事脫稿演出的部分是非常自發的，在角色中的父母和手足開始處理面對的議題。埃絲特說：「我可以飛到前面去看看是不是一切安好」，然後起身走到門口。袋鼠（小尚恩）要求和她一起去，他們便一起離開了房間。蕾哈娜運用她的蚊子布偶刺了司機和監控人員，以便他們維持「警戒」，同時用大猩猩布偶發出嘶喊的聲音，讓所有人看到她可以吸很大口氣、吹很大口氣。「我在練習，以防到時候我可能必須撲滅周圍的大火……」監控人員看起來很困惑，並說：「樹看來已經被移走，沒有危險，我們可以繼續旅行了。」埃絲特演著蝴蝶飛進來，還帶著袋鼠和小袋鼠，她說：「海岸線有好長好長一段都沒有阻礙。」

但是小尚恩還不太相信，他把蛇放在地板上並開始大喊：「小心，牠是一條蟒蛇，牠跑出籠子了，牠正要來咬我們。」其他布偶四處張望並開始跳躍，試圖擺脫蟒蛇。然後小尚恩抓起蛇，開始咬其他布偶，主要是咬兩腿之間。車掌（父親尚恩）造了一個假扮的捉蛇工具，將牠撿起來丟到窗外，但在他這樣做之前，他對蛇設限：「我知道你很擔心，我知道你很害怕，蟒蛇先生，但是不管你有什麼感覺，都不能碰別人的私處。」小尚恩抬頭說：「對不起，爸爸，我忘了。」

車掌喊：「火車全速前進！每個人找位置坐下，我們快點回家吧！」車掌接著把火車掉頭，朝著家前進。

處理布偶故事

在講完布偶故事後由臨床工作者立即引導做家庭成員之間的經驗處理，是探索集體家庭隱喻的大好機會。臨床工作者展現治療上的好奇，試圖擴大家庭對他們故事的探索。這種擴大不可避免地將家庭重新導向更加深入了解他們的故事，一起反思他們的故事和可能的意義。臨床工作者應該要停留在故事的隱喻，同時要詢問角色對故事的看法，並跟隨故事的情節，對各式各樣的事情表達好奇（Gil, 2016）。Irwin 和 Malloy 是對家庭運用布偶的創始人，他們發展了家庭布偶訪談，目的是藉由家庭故事和現實生活情境之間的平行關係取得評估訊息（Irwin & Malloy, 1975）。家庭布偶治療是訪談技術的進階版，在這項技術中臨床工作者不只是評估，而是在家庭隱喻的脈絡下執行治療介入。臨床上的假設是，故事情節和布偶角色對家庭有潛藏的意義，而且家庭成員有可能透過外化，然後與故事互動而獲益。

由小尚恩和蕾哈娜家人設計的家庭布偶故事看似簡單，卻顯露出這個遭受第一型創傷的家庭仍然困擾的一些問題。舉例來說，考量到這家人的房子在旅行時被燒毀：他們的故事和家庭旅遊有關，有些事情忘了而必須去帶出來，似乎是在承認他們差點失去家庭成員，如果他們選擇把狗或祖母留在家中的話。

從倒在鐵軌上的樹木以及對家人有明顯威脅的蛇與蚊子，可以看出火災的不可預測性。小尚恩用蛇布偶來顯示難以忍受的感覺是如何經常與性方面的行動外化連結在一起，而雖然這類行為終止了一段時間，但是在故事有壓力的時刻下，這類行為就又會表現出來。

父母被放在權威的位置，並充當指引旅程結果的指南針。父母最近分開住，因此將他們放在同一個地方、像團隊般運作似乎與這件事有關。這似乎也具體地反映出孩子們的需要：父母有在當家，隨時準備面對挑戰或

危險，也能夠提供安全及保護。在故事中也很清楚，這家人有很好的相互連結，孩子們知道去哪裡尋求方向或照料（小袋鼠），他們也可以對彼此表達自己的想法和感受，即使是像恐懼這類感受。此外，父親非常冷靜，很懂得怎麼對犯規和觸摸私處設定堅定和非批判的限制。對於先前所學得關於不適當性接觸的教訓之提醒，小尚恩反應良好。

兩個孩子都提到了火災的議題：蕾哈娜談到廚房變熱和爆炸，小尚恩說倒下的樹可能撞到電話線並引起火災。

祖母的角色非常重要，因為她出發去偵查剩下的旅途，讓家人知道從她的高度來看前面沒有危險，好讓家人可以安心。當她離開去看情況時，她有小袋鼠的媽媽來作伴。這個家庭面臨好幾樣危險，但他們卻也能體驗歡樂和冒險，而故事的高潮是父母向火車上的乘客保證一切安全之後，火車全速向前邁進。

臨床工作者專注地傾聽和觀察，以便想出能深化關鍵概念或議題的提問。在這個故事中，治療師（Gil）提出了幾個問題，並對不同的家庭成員提問：

> 「小袋鼠承認他很害怕時，那像是怎麼樣的情況？」
> 「爸爸安慰小袋鼠的時候，小袋鼠覺得怎麼樣？」
> 「火車突然停下來時，每個人怎麼反應？」
> 「知道火車上有一場危機是什麼感覺？」
> 「當駕駛和他的助理知道危機中該怎麼辦時，每個人如何反應？」
> 「當蝴蝶往前飛去看看發生什麼事時，感覺如何？」
> 「我注意到叮人的蚊子和危險的蟒蛇對家人帶來危險，那是個怎麼樣的情況？」
> 「有人對蟒蛇碰觸私人部位設定明確的限制，蟒蛇覺得怎麼樣？」
> 「我注意到蝴蝶和袋鼠作為偵察兵出去探查回家所剩的路途……

他們離開時覺得如何？他們回來時覺得如何？」

這家人在討論中開放地互動，有一刻莫妮克說：「哇，這列火車上的乘客似乎仍然很擔心會發生不好的事，我知道為什麼會這樣，因為我們在沒有預警之下發生了不好的事情，現在我們所有人都必須要有信心，相信壞事情不會再發生了！」爸爸尚恩這時候抱了他太太，他們更加深刻地體認到，要從這個創傷經驗中復原需要時間。我們又進行了大約十二次單元，我們利用家庭遊戲治療來增進關係，說出潛藏的擔憂，並且讓孩子們有機會透過角色扮演來提出需求和獲得支持。

總結

在治療歷程將布偶運用於家庭遊戲治療中是有用且有力的經驗，它有讓家庭卸下心防的潛力，並且讓家庭可以更深入地了解潛藏或未說出的顧慮，了解有待解決的困難經驗。布偶常用於兒童治療中；不過把布偶與家庭工作相結合這個另類做法較少被探索。這個家庭的布偶故事是一個有用實例，說明了將布偶納入家庭治療能達成什麼作為。

參考文獻

Booth, P. B., & Jernberg, A. M. (2009). *Theraplay: Helping parents and children build better relationships through attachment-based play* (3rd ed.). San Francisco, CA: Jossey-Bass.

Butler, S., Guterman, J. T., & Rudes, J. (2009). Using puppets with children in narrative therapy to externalize the problem. *Journal of Mental Health Counseling, 31*(3), 225–233.

Gil, E. (1994). *Play in family therapy.* New York, NY: Guilford Press.

Gil, E. (2016). *Play in family therapy* (2nd ed.). New York, NY: Guilford Press.

Hartwig, E. K. (2014). Puppets in the playroom: Utilizing puppets and child-centered facilitative skills as a metaphor for healing. *International Journal of Play Therapy, 23*(4), 204–216. doi:10.1037/a0038054

Irwin, E. C., & Malloy, E. (1975). Family puppet interviews. *Family Process, 14,* 179–191.

Johnston, S. S. M. (1997). The use of art and play therapy with victims of sexual abuse: A review of the literature. *Family Therapy, 24*(2), 101–113.

Karakurt, G. (2012). Puppet play with a Turkish family. *Journal of Family Psychotherapy, 23*, 69–78. doi:10.1080/08975353.2012.654092

Landreth, G. L. (2012). *Play therapy: The art of the relationship* (3rd ed.). New York, NY: Routledge/Taylor & Francis Group.

Nutting, R. (2015). The strength of children externalizing the effects of chronic illness through narrative puppetry. *Journal of Family Psychotherapy, 26*, 9–14. doi:10.1080/08 975353.2015.10002736

Pereira, J. K. (2014). Can we play too? Experiential techniques for family therapists to actively include children in sessions. *The Family Journal: Counseling and Therapy for Couples and Families, 22*(4), 390–396. doi:10.1177/1066480714533639

Sori, C. F. (2011). Using hip-hop in family therapy to build "rap" port. In H. G. Rosenthal (Ed.), *Favorite counseling and therapy homework assignments* (2nd ed.) (pp. 299–308). New York, NY: Routledge.

White, M., & Epston, D. (1990). *Narrative means to therapeutic ends*. New York, NY: Norton.

第 17 章

驚奇仍然持續：
透過治療性布偶遊戲和
布偶治療吸引成人

※

Joanne F. Vizzini

　　跟我一起從兒童時期躍入成人期，並且注意那些我們與生俱來卻經常忽略的天賦。在想到同時具教育性和治療性的布偶時，人們最先都只會想到兒童，我發誓在這一章裡會盡全力去修復你，就如同我曾經被修復一樣：享受驚奇！

花點時間去享受驚奇

　　你對於將布偶運用在成人身上有什麼樣的想像嗎？在你的學校、社區或臨床實務裡有一個需求正在呼喚你嗎？讓我的故事激勵你，並且留意你自己的認同程度有多少。在閱讀本章時可以做筆記，並且有時候要跟你自己的故事、想法和感覺同在。你的成人參與者將用布偶故事進行同樣的實務。

●● 如何開始？試著透過布偶的聲音來教導

　　無論你的年齡多大都可以加入！在十八歲那一年，我變成一個自學而成的操偶師，我對年齡二到十二歲的兒童演出，示範將有學習障礙的兒童納入主流常規教室的想法。我利用馬里蘭州（1980 年的）研究補助金研究兒童以及他們對問題的回應，這些問題是為了了解在提供特別規劃的布偶表演之後，他們對於接受差異的認識。為了讓布偶和娃娃回到任何年齡都可以玩的遊戲物的定位，我開始納入成人、兒童，以及他們因手足不合或配偶衝突而受到傷害的家人。不久之後，在 1975 年「新法」公共法（PL 94-142）（Texas Council for Developmental Disabilities, 2013）的引導之下，學校的管理者打電話給我，希望我指導老師、學校教職員以及日託機構，並且讓他們對於有學習差異兒童的特殊需求具敏感度。*你鎖定的成人族群、主題、熱情，以及財務來源是什麼？*

　　我在教堂、會場、學校活動以及家長之夜介紹人際關係的相處之道，處理信仰團體間的壓力源和衝突，引導家庭的情緒動力，以及建立教室裡的正向行為。無論是使用治療性的因應技巧、靈性的因應，或是以價值本位的認知行為回應，在有跨世代的觀眾和成人參與的場所都能夠有促進學習的興趣和活力（見圖 17.1）。圖書館員、教師、學校管理者、家長以及日托機構都受到我的布偶團「荷包蛋」（Sunny-sides Up）的吸引，他們被教導該如何協助年輕人做自我調節（Bernier & O'Hare, 2005）。*你的場所或潛在的場所是什麼？誰是你的目標觀眾？*

　　如果要讓個人能夠分享、擁有或完全表達情感，在我遇見的許多多元文化團體當中，信仰團體和學校是可以提供指引，甚至是家庭以外，可以靠近去表達情感的地方。在許多文化團體裡，衝突都是用私下、通常是被隱藏的方式處理，或甚至不被承認（Avent & Cashwell, 2015）。若是無法與治療師直接接觸，布偶遊戲提供了一個更具社會接受度的學習方式（Notaras Murphy, 2010）。*你將如何具有文化敏感度呢？*

**圖 17.1　實踐使學習成為長久，分享布偶的熱情，
教育父母／成人理解兒童的議題**
（照片承蒙 American Counseling Association 慨允提供）

　　那麼接下來成人學習者和布偶要做什麼呢？在我自己的天主教教堂
裡，許多成人會坐在教會長椅上的邊緣，一邊看著他們的孩子參與，同時
對於布偶傳達的訊息與布偶本身感到非常著迷。在參加完以他們的孩子為
主的禮拜之後，成人們會被要求跟酷尤金（Cool Eugene，我的主要布偶
之一）說「哈囉」！讓兒童們在場或作為訓練的焦點，似乎可以讓父母或
學員得以進入他們自身兒童般的驚奇，並且加入布偶遊戲。留意布偶如何
吸引成人！

被吸引和主動投入
· · · · · · · · · · · · · · · ·

　　你如何想像自己與布偶運用之間的關係？你能想像你和布偶是一體的，就像為一個虛擬的遊戲扮演一個角色，或者當一個劇場的角色？事先想一想，如果你是收到布偶訊息的成人，你可能會被什麼樣的角色所吸引？

● 選擇及創造一個能夠表達你熱情的布偶

　　我挑選我的布偶角色是依照我所得到的訊息，那時身為一個十八歲青少年的我所能負擔，以及我認為我想傳達什麼訊息給那些聽眾──也就是當時的兒童。我建議你尋找一些吸引你的、摸起來柔軟的，而且你的手在裡面感覺到舒服的布偶。我全部都使用手偶，我也曾訓練其他人使用傀儡或娃娃和其他類型的布偶。什麼樣的布偶吸引你呢？

　　Elaine Meyers，一位才智出眾的謬斯，在我十七歲半的時候預言把我內在成為布偶師的天賦呼喚出來。她立即變成我的靈魂之交。我們一起參加一個身心障礙的布偶團體「街頭頑童」（Kids on the Block, KOB）的表演（Aiello, 1977）。針對如何準備對成人使用布偶，我強烈建議參加工作坊和看表演（即便那些表演是針對兒童），尤其是那些傳遞的訊息類型剛好是你計畫要傳達給你的觀眾族群。誰呼喚出你的創造力呢？

　　在我巡迴演出的布偶中，每一個布偶都有一個能從觀眾當中呼喚出互動的獨特風格，和 KOB 不同的是，我們在整個教育性的課程裡使用問答來協助學習。

　　在維吉妮布偶模式（Vizzini Puppet Model）裡，每一隻布偶都有一個獨特的終身人格特性，並且具有持續性的特性，像是聲音、服裝、主題和故事……。就像在十二步驟（12-Step）匿名戒癮課程，這些布偶說他們復原的故事，傳遞他們的「經驗、力量和希望」。

在這個〔教育或〕治療的歷程中,透過簡短容易記得的說法增強這些主題,使得〔個案／患者〕快速回想在困難情況中的適當行為。(Vizzini, 2003, p. 55)

　　我偏好有嘴巴的布偶,可以在我和任何年長的參與者工作時執行我的模式(見圖 17.2)。為了讓布偶成為你個案的治療師,維吉妮布偶模式的基本宗旨是,讓這個布偶變成所有你所知工具的一個信差,並且用它當作遊戲治療師、臨床工作者或教育工作者。一旦你的手伸入布偶,你的心智、內在及靈魂就要透過這個布偶來呼吸,並且他(她)的聲音要來自你的智慧、你的力量和你的知識。

圖 17.2　作為布偶的助手與布偶直接互動,引出一個有強力基礎的連結,攜手並進
(照片承蒙 Freedom Through Psychotherapy, LLC 慨允提供)

　　在設計我布偶的角色時，我喜歡讓他們擁有好笑的話、讓他們唱歌、說故事，而且擁有觀眾能感同身受的一些困難。這些布偶脫離困難的方式是歷程的重要之事。藉由邀請參與者協助這個布偶，這樣能迷住和吸引那些參與者，給參與者某個對象去掌握，就像某個布偶只會在另一個布偶出來時開始說話，或者是和布偶一起唱歌都是很有效的方法（見圖 17.3）。你的腦海裡出現了什麼樣的角色呢？你想要動物布偶或是人類布偶呢？你可以選擇對你的觀眾族群有意義的布偶。來見見我的第一個布偶——一個男生，酷尤金；這是一隻毛茸茸有兩個紅色肚臍的布偶；在 Freedom Through Psychotherapy, LLC 的網站上還有更多擁有多年的布偶介紹（freedomthroughtherapy.com/puppet_therapy_meet_the_puppets.html）。

圖 17.3　被你的布偶迷住，然後你自己的生命將會造就它的生命
（照片承蒙 Freedom Through Psychotherapy, LLC 慨允提供）

● 以布偶為治療／教育工具吸引成人，讓成人投入

為了實踐布偶治療，你必須在你的州裡通過認證或許可。根據作者表示，布偶治療是一個由治療師以布偶來做治療性的使用，目的是為了在一個治療性的環境中提供心理治療（Vizzini, 2003）。你永遠可以從分享布偶中學習！在我工作的十七年當中，我帶著最大的熱情和喜愛提供治療性和心理教育性質的布偶介入。

布偶成為我在一、二年級教室裡的一個支柱，而且這個劇團和我也在那個場所為了親職教養和兒童的議題定期和成人見面。此外，很重要的是，我在朋友和家庭的派對上吸引了很多成人，不管是參加有兩代人一起的活動或者是只有大人的場合。後者變成我執行布偶角色的聲音、風格和述說故事的其中一個最佳場所。和布偶合而為一意味著你需要在每一個細節上進行磨練，使布偶活起來。要使布偶看起來更真實的具體做法，不妨去翻閱本書前面幾章所提到的那些明確的原則。我們強烈建議一個大膽的想法，就是透過分享你最凸顯的布偶個性來使成人聚會更加賓主盡歡。你將會立刻獲得關於聲音、手勢、眼神關注，以及整體特性的現場回饋。同時，你和其他人也會玩得開心。你可以跟誰練習布偶的個性特質呢？

● 用你的熱情和愛說出真實的故事

身為信教十七年的虔誠姊妹 —— 是的，我變成一個俗稱的「尼姑」 —— 這些布偶在 Bedford Hills Maximum Security Prison 的兒童中心遇見了許多家庭的媽媽和她們的孩子，同行的還有 Jean Harris 女士和 Elaine Roulet 姊妹。這些布偶協助處理他們的分離和失落，以及成癮、虐待和霸凌的家庭議題。倫理要求我們要對任何族群提供足夠的支持，在那裡我們分享布偶的方式是透過讓治療師到現場，或是轉介給熱線和治療師。布偶可以帶來更深層的情緒，超越一個未經訓練的人所能處理。即使你成為治療師，如果進行的不是一個治療性的團體，你要有智慧自我節制，同時要提供其他可用的資源。你能透過布偶為什麼樣的人群服務發聲

呢？你想要讓你的布偶有說話的力量嗎？

逐漸邁向將布偶運用於成人治療

花一點時間去了解你學習有用工具的故事是如何幫助你自己從無數情緒、心理或心靈的問題當中復原。你敢分享從你的人生和職涯的脈絡中所帶來的那些諷刺、轉變的時刻以及因應技巧嗎？你想要你所服務的成人們獲得什麼樣的結果呢？

對成人使用布偶治療有許多面向。我隨身攜帶著布偶，因為它們讓我有榮耀、給我特權，讓我與它們一起走進人們的內在旅程。旅程中有許多不同膚色、種族以及社會經濟地位的人（見圖 17.4）。

當我在進行我自己的內在工作時，這些布偶為我呈現了框架，我認為它們不只是有療效，它們本身就是治療。當我長大成人成為一個女人，成為一名療癒者和一位教師時，這些布偶也跟我一起成長。

圖 17.4　當布偶師和布偶加上一個布偶團共同去完成個人無法單獨完成的事時，獻身於人類心靈的自由並且變得完整就成為可能
（照片承蒙 Freedom Through Psychotherapy, LLC 慨允提供）

扶養一個出生就感染愛滋病的小孩改變了我。G 在三歲時來到我們的緊急庇護之家，與我們這些信仰虔誠的姊妹一起住。G 一直都以城市裡的街道為家，在她六歲半的那一年，一隻寄生蟲襲擊了她。

我的心裡興起了把布偶當作醫療上的使用方式，以便在她生死存亡之際支持她。當時我還是一個教育者，不是一名治療師，於是我扮演一個「媽媽」角色，對於如何處理 G 的感覺提供了治療性的釋放，或者教導她有關下一個醫療步驟要做什麼。在 G 嚥下最後一口氣之前的那些日子，她要求與她的朋友酷尤金一起唱歌。

你想要帶著布偶到醫院或安養院，
在那裡與許多家庭一起工作嗎？

任何曾經失去過孩子的人都了解那種對人生感到走投無路及破碎的感覺。我轉而尋求我自己的布偶，以便我可以找到埋藏在內心深處的療癒話語。我曾經在一個支持團體，使用我所獲得關於創傷復原的療癒訊息來分享這些布偶。你需要從你內在的自己產生出什麼樣的話語呢？

這些布偶在我的支持團體中受到女性的好評，因此我想知道它們是否可以在我的臨床場所運用（見圖 17.5）。當我在挑選那些布偶的時候，我也將我的生活撿了回來。

在我團體裡的那些成年婦女說，布偶給她們希望，給了她們觀看自身所經歷痛苦的一些嶄新方式，有時候甚至還帶給她們喜悅。當一個人處在哀傷療癒的過程中，可能會有很長一段時間感受不到好笑。當我們可以對於其中一個布偶所說的一些事情開懷大笑時，我們知道我們正在復原了。你何時曾經透過幽默和這些技術而獲得一些透澈的觀點呢？

圖 17.5　將團體聚集在一起，分享你的真實故事。看著在你指尖上布偶的
　　　　力量翻轉這個房間，你也與它同在
（照片承蒙 Freedom Through Psychotherapy, LLC 慨允提供）

● 自信與大膽——敢與這個世界分享你創造的果實

在接下來的部分要做筆記，並且創造你自己的問話。

》族群：街友（年齡 18～60 歲）

在我實習階段的街友個案大部分是男性，沒有人告訴他們參加的團體
有布偶，我偏愛這樣的方式。二十二年來，沒有一個成人因為我們運用布
偶而離開房間。有一些人被布偶的力量激起情緒，在啜泣不已時選擇暫時
離開，去照顧他們自己的情緒。

當我第一次要求對我的個案使用布偶時，我的老闆非常猶豫。假如
這種情況發生在你身上，不要灰心，要相信你所能提供的方法，回去再
問一次。我獲得了機會去催生這個維吉妮布偶治療模式，它是依據認知
行為治療的原則（Meichenbaum, 2017），但混合了敘事治療（Combs &
Freedman, 1996）以及幽默治療（Cousins, 1979）。

在每一個布偶治療單元裡，我提供個案一個具體的方式，以便幫助他們處理正在經歷的確實議題。每一個我所分享的布偶都被描繪成一個正在復原的歷程。我設計了一個具體的治療工作運用方法，去克服促使自尊持續低落的那些恐懼和傷害。

》族群：有錢人（年齡 18～60 歲）

有位團體領導者為了一些想要克服童年創傷的有錢人舉辦了五天住宿的治療團體，他雇用我承擔某些工作。我負責星期一早上的開幕，以便開啟這一整週的後續工作，幫這些個案做好心理準備，以便他們坐在地板上享受布偶的時候，可以逐漸進入他們好玩、童心般的自己，同時保持內在雖是脆弱、但卻安全。之前她所提供給我的訓練是心理劇，而且所有的治療師開始在那裡工作之前都必須經歷這個治療課程。想要提升自己的技巧，以及想要幫助自己回想到布偶和布偶治療都是屬於體驗性的過程，這兩個方法對你來說都很棒。

》族群：代間工作以及年輕成人（年齡 18～90 歲）

分享你的才能可能比你從事一般事務更讓你感到難為情。然而，以治療性的方式對成人運用布偶是一個很值得的事情。年輕成人（young adult, 18～24 歲）對於自己手持布偶以及藏身操作布偶比較自在。我的布偶曾經在收容青少年情緒障礙的一所學校中協助年齡較大的青少年處理戒菸議題，以及在青少年拘留中心協助處理自尊議題。我到現在仍然留著一隻躺在棺材裡的駱駝布偶，那是這些青少年買來送我的禮物，藉以表達他們對我的感謝。他們這些年輕人當中很多人過去都有尼古丁成癮的問題，後來都已經戒菸，或抽得比較節制一些。

一個代間模式可以讓整個家庭回家之後、運用布偶訊息，並且討論操偶的經驗。讓一些成人出現在布偶治療裡會很有幫助，即使他們不是青少年的父母。

當我在一個哀慟營隊裡進行布偶治療的演出時，那些參加的成人協助

讓這個經驗更深入，且更能夠被孩子們接受，超過我在沒有他們在場的情況之下所做的演出（見圖 17.6）。我邀請成人進入布偶經驗裡，然後年輕人開始回應「他們的輔導員」的參與，彷彿那是在提供年輕人一個進入布偶世界的許可證。成人對協助處理這群年輕人非常重要，所以當我正在扮演我手中的布偶角色時，假如有一個年輕人受到干擾或正在干擾其他的年輕人，某個成人（不是我）就會去處理這個孩子。如果某個年輕人失去控制，他（她）就會得到一個情緒安全上的陪伴，並且在一位成年協助者的支持下離開現場。我比較喜歡讓年輕人坐在地板的墊子上，而且這些墊子都是分離的，不會彼此碰撞到。他們的成人朋友也坐在地板上或者就坐在他們附近的椅子上，這樣可以協助年輕人在參與布偶時比較自在一些。這些成人志工在這個治療經驗中像是一個「協助者」，這個名稱讓過程更能被接受。讓年輕人或成人坐在地板上是我最喜歡的工作方式。有時候主辦單位會把椅子排成半圓。桌子會阻礙動力的流動，所以我必須要更加費力才能投入團體。我會盡可能為他們在對自我有幫助的退化（regress）上做好準備。

圖 17.6　代間的布偶經驗讓成人停止懷疑，而且提供一個結構給所有的
　　　　　參與者去經驗豐富的學習及療癒時光

（照片截取自影片「我在我的空間裡很安全：教導成人去協助孩子」，
Dr. Joanne Vizzini；攝影師：Ron Israel）

成人的布偶治療經驗

　　什麼可以讓成人個案喜歡接近布偶？什麼可以讓成人更容易對布偶或者將布偶當作娃娃這件事保持開放的態度？

　　我沒有實證數據可以提供給你。我對成人使用布偶已經有二十二年之久，而且從事教育訓練已有十七年。請留意，實證基礎在這裡可能很微不足道；然而有趣的是，對成人運用布偶的有效證據卻是非常明顯。我已將布偶運用在每一種類型的個案、患者和參與者身上。倫理上，對於妄想症、躁症、嚴重憂鬱症及某些創傷的個案，在運用上必須小心謹慎。我建議要使用一些額外的督導。如同所有形式的治療，時機可能是好的介入和不適當的介入之間最大的差異。我曾經在思覺失調症患者述說他們失去理智的故事時很有效率地運用布偶，使得他們說出一些平常不會跟我分享的事情。對於解離障礙症患者，我也曾提供內在小孩派對的服務（見圖17.7）。再一次提醒，要尋求明智的諮商，因為布偶使用的力量強大無比。

圖 17.7　在遭受創傷、絕望或恐懼之時朝向自由、光明和希望前進，是帶有翅膀的一種勇氣
（照片承蒙 Freedom Through Psychotherapy, LLC 慨允提供）

維吉妮模式和其他取向布偶治療的主要不同點在於，治療師本人在操作布偶或透過布偶說話時是否會露面。個案通常會專注在布偶上面而不是治療師。我使用一個及腰的螢幕在我面前；用一張桌子加一塊布蓋起來也可以，這個「舞台」是用來將即將登場的布偶藏起來。能夠看見布偶治療師對個案的安全感很重要，也有助於有意識的終止懷疑。個案知道他們仍然在一個治療性的環境裡，但是他們能夠卸除防衛，並且以一種好玩的方式致力於核心的治療議題（Vizzini, 2003）。

準備腳本

或許你想要的腳本指引超過我在這裡所能提供，倘若如此，請參考下列網站：www.puppetresources.com/#sthash.dA4aUhCG.dpbs，以及 http://kidsontheblockottawa.ca/?page_id=150。這些網站有許多的主題，看起來比較適合兒童，但是它們可以給你一個起頭。

我的所有腳本都來自於我創意天賦和我內在的聲音。這些角色以及他們的敘述都是從我的經驗及我的治療師訓練過程發展出來。我的角色裡有許多是使用隱喻和短句，像是「當一個幫助者，不要當一個傷害者」；它們當中有些唱著熟悉的曲調。當我進入某種文化的團體提供布偶治療時，我會詢問有關孩子經常聽到哪些歌曲。這些成人通常可以說出在長大的過程中聽些什麼。我的布偶當中有一些會運用饒舌音樂，而我們就挑出一些參與者來發出背景聲音「噗啾，噗啾！」每個人站著、擺動，並且唱歌，好像是他們透過歌曲重複回到一個像饒舌形式的治療韻律裡，像是：「你應該要去感覺，於是你可以得到療癒，於是你可以面對，於是你可以變得真實。」

個別個案

這些單元通常在團體情境，但是也可以輕易地改編成個別治療。除了那些參加復原課程的族群以外，其他族群則是處理面對個人問題的人類經驗，包括尋求幫助、釋放怨恨、愛自己，以及情緒和行為的自我調解。

你可以在房間裡與個案會面的某個區域擺一隻布偶。我的「鹿之心」（Deerheart）是一隻梅花鹿布偶，它對我來說有特殊的精神意義。你可以選擇一隻狗、一隻熊或一隻獅子。個案有時候會要求與「鹿之心」一起坐，而我有時候會同意。同意的時機點包括：也許是當我針對他們小時候是如何脆弱和渺小做些心理教育，也同理到好像人們傾向於用成人的眼光投射回去評估自己的過去，以為當初小時候就擁有現在所有的洞察、技巧和體型一樣；也許是當有人做了某種退化性的活動而正在哭泣。相信你的直覺，就像你在對其他人介紹任何東西時所做的一樣。也許你介紹這個布偶像一個娃娃，像一個見證者，或是一個侵害者，以便發現什麼樣的柔軟度或娃娃／布偶符合你個案的過去。準備對「朋友」這個詞所具備意義的深度和廣度感到驚訝吧！朋友就是協助年幼孩子去睡覺，是保守秘密或能安慰人的動物／娃娃，是「唯一」的朋友，是那些為別人表演的年輕人，或甚至是那些曾經為他們的孩子、教會或其他場所運用娃娃或表演布偶的大人。

如果把布偶當作一個娃娃，個案通常就會跟布偶並排坐著，或者是拿在手上。不管男性或女性，他們通常都會撫摸布偶／娃娃。

如果把布偶當作一個布偶，個案常常會照上面所描述的方式使用，然後我會問我可不可以用那個布偶或另一個布偶跟他（她）說話。若是採取內部家庭系統（Internal Family Systems, IFS）或是完形取向，個案就可以和他們的部分自我說話。舉例來說，個案可能想要手拿「鹿之心」布偶，同時對著「智慧貓頭鷹」（Wise Owl）說話，「智慧貓頭鷹」是一個更有智慧、更成熟的部分自我；或者運用智慧貓頭鷹或最古老的智慧貓頭鷹——呼呼爺爺，讓個案聽到來自外面某個有智慧人物的聲音，這個人物可以是個案認識或不認識的。

有些人將感覺、另一個人或他們的部分自我投射到某個生物布偶身上，並因此獲益匪淺。許多無法表達憤怒的人透過讓布偶來表達他們的憤怒以及所擔心的事情，因而獲得很大的幫助。也有些人會根據布偶所代表的人事物而對布偶出現扭擰、擠壓、丟摔，或給予愛和溫柔的撫摸。

我總是會詢問我是否可以靠近這個人。即使擁有一個受歡迎的布偶，你也不要假設對方就會讓你靠近。我擔任著布偶治療師，不然就是在可看見的範圍內支持個案。有些個案會集合一群布偶，或者把布偶當作娃娃使用，並且將它們放在視線範圍之內（例如放在靠近他們的一把椅子上），然後根據那個部分在他們生活中所扮演的角色來放置在明顯的不同位置。

搜尋、搜尋，然後研究

首先搜尋你想要的族群，當你找到那些單位離你不遠，而他們的族群屬性也符合你想要服務的對象時，你也要再進一步搜尋。把研究加到你的待辦清單裡。身為一個專業人員，我們的經驗和傳承值得被公開，同時展現一種有實證基礎的臨床方式。對於布偶治療應用在成人方面的可行性，我的數據被視為向前邁進了一步。我曾經去過藥物依賴十二步驟模式的一個治療機構 Hazelden，在那裡執行成人布偶治療與一般治療的比較實驗。結果顯示，患者們喜歡在治療過程當中使用布偶（年齡 18～55 歲，一個男性的單位和一個女性的單位；還有一個男性和女性都有的年紀較長的單位，年齡在 56～83 歲）；平均而言，使用布偶治療比一般的治療有更大的滿意度。此外，最奇怪的結果是，選擇喜歡布偶治療勝過一般治療的同樣那些年紀較大的成人，在焦慮狀態和焦慮特質方面都明顯較高，而在他們較年輕的對應組男性和女性單位裡，接受布偶治療之後就變得比較沒那麼焦慮。這個結論是，如果你想要針對年長者使用布偶，要留意他們對於要和布偶說話可能會有一些情緒（見圖 17.8）。運用放鬆技巧並且給年長者一些時間去適應與布偶一起工作的理念，就可以幫助他們更自由地參與這類吸引他們的布偶治療（Vizzini, 2003）。

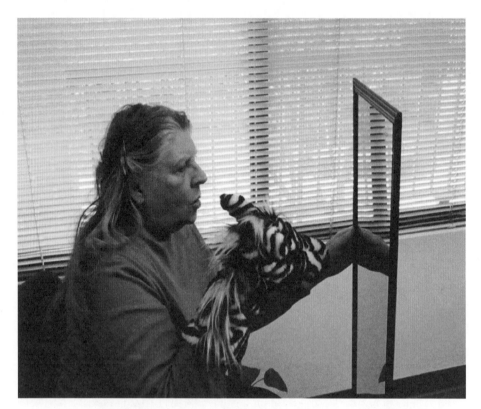

圖 17.8　如果我們留意到年長者需要被鼓勵去呈現他們的真實自我，
**　　　　年長者就可以降低焦慮**
（照片承蒙 Freedom Through Psychotherapy, LLC 慨允提供）

● 驚奇又驚奇

　　在這個驚奇的一章即將結束的時刻，務必要看一看本章最後附錄的講義：「給成人的布偶」（Puppets 4 Adults）運用指南。本章的基本前提是提供你一個指引及重點提醒。這是你自己的旅程，希望在順著本章的路線去旅行時，你能帶著這些建議，這樣你就會有更萬全的準備以便出發去執行成人的布偶治療。如果有必要，你可以從小小的一步開始，但是一定要踏出第一步。拿起我已經為你們準備好的工具，然後像我一樣驚奇於成人布偶治療的迷人冒險旅程。

 參考文獻

Aiello, B. (1977). *Kids on the block*. Columbia, MD: Author.

Avent, J., & Cashwell, C. (2015). The black church: Theology and implications for counseling African-Americans. *The Professional Counselor Journal*, 5(1), 81–90. doi:10.15241/jra5.1.81

Bernier, M., & O'Hare, J. (2005). *Puppetry in education and therapy: Unlocking doors to the mind and heart*. Bloomington, IN: Author House.

Combs, G., & Freedman, J. (1996). *Narrative therapy: The social construction of preferred realities*. New York: W.W. Norton & Company.

Cousins, N. (1979). *Anatomy of an illness as perceived by the patient*. New York: W.W. Norton & Company.

Michenbaum, D. (2017). *The evolution of cognitive behavior therapy: A personal and professional journey with Don Michenbaum*. New York: Routledge.

Notaras Murphy, S. (2010, February 14). Remembering play. *Counseling Today*. http://ct.counseling.org

Texas Council for Developmental Disabilities. (2013). Project ideal: Informing and designing education for all learner. *Special Education Policy*. Retrieved from www.projectidealonline.org

Vizzini, J. (2003). *A comparison study of puppet therapy to regular therapy in a chemical dependency twelve-step treatment model*. Baltimore: Loyola Library.

附錄　講義：「給成人的布偶」（Puppets 4 Adults）治療性運用的基本指南

- 想像（**Picture**）布偶與你合而為一。對你自己如何運用布偶有個視覺想像。

- 不要認為（**Undo**）布偶只適合兒童。

- 好好計畫（**Plan**）你的團體／個別單元。

- 目標（**Purpose**）。問自己「為何是這個主題？」以及「為何是團體或個別治療？」

- 事件（**Event**）。問自己安排什麼事件最好？不只一個事件嗎？若是，順序為何？

- 花一些時間（**Take Time**）準備。

- 將時間安排（**Spend Time**）在……

- 四個（**4**）基本方法讓你的布偶更令人信服（嘴唇同步、眼神焦點、聲音、姿態）。

- 表現（**Act**）得好像你確實知道你在做什麼。你的態度和信心會說話。

- 敢於（**Dare**）用你的內在和創意設計活動。嘗試嶄新和自發的活動。

- 了解（**Understand**）你的目標。

- 愛（**Love**）你自己現在以及你將要成為的樣子。然後，你所服務的人也會這樣做。

- 信任（**Trust**）你自己作為臨床工作者或訓練者的直覺。

- 持續（**Stay**）聚焦在有趣。傳遞你對於療癒的信心。

第18章
醫療情境中的布偶遊戲

✳

Judi Parson

　　在醫療環境中，布偶可以當作代理人以促進孩童與醫護人員之間用遊戲形式進行的溝通，分散孩童的注意力，以及教育等目的。使用布偶的目的在於提供健康照護的資訊、進行手術模擬，以及進行治療照護。為了探索在這種環境中的布偶遊戲，需要特殊的布偶技巧。其中一種稱為 Pup-Ed（KRS 模擬），由 Reid-Searl（2012）所發展出來。它提供實用的步驟以及一個教育架構，教導醫護人員如何在醫療情境中以不同的布偶遊戲形式吸引孩童的注意。為了進行醫療程序上的教育，這個架構建議穿戴上有兩隻手的布偶，亦稱為人形布偶（living puppet），這可以將布偶轉變成一位虛構的醫護人員。然而，如果要賦予某個布偶一些特徵，其進行方式必須使得單一或多個使用者能夠將這布偶穿在手上。在健康照護情境中，布偶的選擇很重要，因為無論在類型、風格和尺寸上，布偶都必須符合其目的，還要符合感染控制規定。本章將概述醫療情境中的布偶遊戲，並將重點放在帶有醫療設備的程序布偶上，比如鼻胃管或靜脈通路裝置，這些是健康照護專業人員所使用的醫療設備，以便向孩童示範醫療或護理介入程序。本章最後有一個治療式的布偶遊戲活動，讓孩童可以裝飾或製作自己的布偶，進而提供一種促進溝通的資源。

定義布偶

· · · · · · · · · · · · · · ·

　　事實上，布偶可以用任何物體做成。Blumenthal（2005）指出，它可以是偶像、傻子或蟲兒。歷史上，布偶一直被用來進行宗教儀式、教育用途和娛樂等。利用布偶使觀眾有參與感的藝術不僅透過布偶結構上的特殊細節和特徵達成，還透過操控布偶者移動和擺放布偶的動作。因此，每當有人創造了一個個人化的情節並將此情節投射到布偶上時，這個布偶便彷彿「活過來了」。投射使得自我有意識或無意識的部分能被公開，就如同Bernier 和 O'Hare（2005, p. 125）所說的一樣：

　　　有時候，布偶被造成有意識地自我呈現或呈現他人，但更多時候，布偶所展現的是自我裡面不那麼容易表達或公開表達的潛意識動力或部分。

　　布偶亦在心理治療情境中使用，有指導式和非指導式的遊戲治療實務，還有各式各樣的理論方法。布偶是一個物體，就像遊戲室裡的其他玩具和創意工具一樣，它提供的是自我的延伸（孩童的自我和治療師的自我）。因此，布偶遊戲的治療力量有四種主要類型，即促進溝通、培養情緒健康、提升社會關係，以及增加個人優勢（Schaefer & Drewes, 2014）。因此，考慮到這些類別，布偶遊戲亦可在不同的環境中當作治療的工具使用，包括醫療情境和醫院環境。醫療情境的布偶遊戲可以同時使用戲劇性和教育性的布偶戲，結合有療效的人際關係技巧以強化治療上的變化。

布置醫療場景

· ·

　　用到醫療服務的兒童通常是因為各種健康問題，包括各種疾病、意

外和受傷，或是要接受醫療程序或外科手術。被送進急診室或兒童病房的孩童可能會有各種情緒，因為對環境的不確定和擔心自己的身體狀況或害怕一些可能面對的醫療程序或外科手術，或甚至害怕死亡或垂死的狀態（Parson, 2009）。在陌生的醫療環境中，各種感官訊息像密集火力攻擊一樣向他們襲擊過來，而孩童們不一定熟悉這些感官訊息。醫院裡的味道、燈光和聲音，和家中日常生活或學校生活極為不同（Parson, 2009）。Haiat、Bar-Mor 和 Shochat（2003）指出，遊戲可以幫助孩童理解醫院裡的語言、景象和聲音。然而，在兒童病房裡，聽到痛苦和呻吟的聲音是很普遍的事，在附近的孩子可能不免會聽到，這使得他們更加恐懼和擔心。

在現今的醫療環境中，這種情況正在改變，因為與之前的世代相比，今天的孩童經驗到自己是更主動和有能力的健康消費者，並被賦予更多管理自己疾病的責任（Ekra, Korsvold, & Gjengedal, 2015）。導致這種改變的一個因素是，隨著聯合國兒童權利公約（Convention on the Rights of the Child, CRC）（United Nations, 1989），人們的兒童權利意識也跟著提升，並在各個組織裡（例如醫院）對這些權利做出回應。因此要求醫院裡的健康照護專業人員意識到兒童的權利，尤其是聯合國兒童權利公約中的以下條款：

第十二條：締約國應確保有主見能力的兒童有權對影響到其本人的一切事項自由發表自己的意見，對兒童的意見應按照其年齡和成熟程度予以適當的看待。

第十三條：兒童應有自由發表言論的權利，包括透過口頭、書面或印刷、藝術形式或兒童所選擇的任何其他媒介，尋求、接受和傳遞各種資訊和思想的自由，而不論國界。

為了在醫療環境中維護 CRC 公約，兒童必須能傳遞並接收關於自己的健康照護資訊，事實上是關於任何醫療程序或外科手術的資訊。最重要的是，在與孩童溝通這些資訊時，所使用的方法必須適合其發展狀況和個

別的需求。Ekra 等人（2015）指出，找到方法去平衡兒童的脆弱性和行動力，似乎是照護住院兒童的最好方法。因此，為了找到這個平衡，我們必須進到兒童的世界裡，而且是透過遊戲的方式，因為遊戲是兒童最自然的溝通方式（Landreth, 2012）。在醫院裡，參與遊戲，特別是參與布偶遊戲，使我們能以有益健康和教育的方式與兒童溝通並建立關係，以將健康照護經驗最佳化。

布偶的類型

　　分類布偶的方式有很多，包括角色類型、尺寸和目的。布偶的尺寸可以小至手指布偶、掌中布偶、手套布偶，大則是可以穿在身上的真人大小布偶。在傳統的布偶治療中，遊戲室裡通常有 20 至 30 個布偶供兒童和（或）其家人挑選（Irwin & Shapiro, 1975）。布偶的種類也各有不同，包括人物或角色布偶；具攻擊性的、友善的，或害羞的布偶；野生動物或馴養動物布偶；神話、奇幻故事和童話裡的布偶；還有許許多多各種布偶的種類和型態，幾乎是無窮盡的。然而在醫院裡，不可能有這麼多種布偶，因為使用的人員眾多加上病患是兒童的緣故，而且也因為可能會違反感染控制規定。因此，在醫療情境中，使用的是特別為此設計且可以清洗的布偶。

　　在購買布偶時，或在病房中製作布偶好讓兒童可以把它帶回家時，要設計成讓使用者可以操縱布偶的嘴巴或雙手。有嘴巴的布偶，例如：襪子布偶或人形布偶，能夠促進口語表達以及使用嘴巴進行的遊戲，包括進行吃東西、吸吮、咬和舔等動作；而有手的布偶則可以做拿握、擁抱、摔角和打鬥等動作（Parson, 2016）。然而，在兒科病房中，更常使用的是嘴巴或雙手動作可以操控的人形布偶，或程序布偶（procedural puppet）。

醫療情境中的布偶

在醫療環境中，布偶常被用來以創意的方式促進溝通、教育和支持兒童，並給護理師學員當作模擬病童使用（Reid-Searl et al., 2016）。程序布偶已被用來示範特定醫療程序以達到教育或進行醫療布偶遊戲的目的。人形布偶是一種有兩隻手的特定布偶類型（見圖 18.1），這類布偶可以

圖 18.1　人形布偶
從左到右的布偶，分別是 Hamish（站立著）、
Carlos（把臉遮起來）、Maggie 和 Rosie

　　要了解這位孩童的情緒、行為、心理和學習需求，我們需要進到孩童的世界裡並評估他（她）是否有任何治療上或教育上的需求。利用一種人本的立場去創造各種條件以進到孩童的世界裡——即無條件的正向關懷、同理心，以及一致的態度（Rogers, 1957），加上遊戲的方法和好奇心——促進與兒童的互動並發展治療關係。舉個例子，八歲的小女孩珍妮，剛被診斷出有胰島素依賴性糖尿病（insulin dependent diabetes mellitus, IDDM），所謂的第一型糖尿病。所以她需要經常做血液檢查，每天要注射胰島素或安裝胰島素幫浦（insulin pump）。珍妮如何應付這個消息和長期的醫藥治療？她對第一型糖尿病的理解是什麼？現在應該提供給她什麼樣的資訊？在像這樣的情況裡，一個已經被診斷有這種病、正在接受治療的布偶以及其家庭史就能夠與珍妮建立關係，以消除她的擔心或幻想。透過專業人員的技巧，布偶擔任治療遊戲角色，以提供諮詢和教育機會。在 KRS 模擬的觀念裡，這一點很重要，以下將參考程序布偶戲討論之。

　　「以行動遊戲」指的是當孩童能夠「中止懷疑」時，意思是，這位孩童投入布偶遊戲中，可能直接對布偶說話，而不是對操控布偶的醫護人員說話，使得在孩童的心中，造成這個布偶「活過來了」的效果。布偶對醫護人員耳語，而醫護人員以不同的措辭重複布偶的話，澄清其內容，並概括布偶的話，並嘗試使用人本和焦點解決的技巧，以促進兒童與布偶的互動（Reid-Searl, 2012）。Reid-Searl（2012）亦提醒醫護人員，要考慮布偶行動遊戲的時間點和內容。在一開始的時候，孩童可能不接受這個布偶，因此在布偶遊戲的初始階段，評估投入程度是很關鍵的。

　　為了確認布偶遊戲單元之有效性，「評估」是必須的，而這體現在對這個遊戲單元和人際互動的反思，以便繼續改善醫護人員透過布偶去進行教學和學習的方式。評估兒童所獲得的知識亦在這個階段進行。

　　「任務歸詢」，即 Pup-Ed 這個縮寫的最後一個字母 d（debrief），指的是醫護人員走出布偶操控者的角色，經由詢問孩童或其家人特定的問題，以便嚴格檢視這個布偶遊戲單元，例如：在布偶遊戲中發生了什

麼事？怎麼發生的？以及這些互動在這件事的整個大框架裡有什麼意義（Reid-Searl, 2012）。

對於第一次使用布偶的人，建議先在鏡子前面練習幾個單元或將互動過程錄影下來，以便能在事後檢討並反省這次的布偶遊戲練習，好能發展其布偶遊戲技術。練習使用布偶能促進 Pup-Ed 訓練中的「知識、真實和自發」（KRS）等面向，這些都是建立於人本取向的模擬技術上。為了讓這項策略能夠發揮作用，教育者必須是：擁有知識（knowledgeable），即擁有關於該專業和使用布偶的知識，知道孩子的診斷結果和生活世界，同時還要注意到孩子的發展狀況；符合真實（realistic），在回應時要符合真實，在整合布偶的特徵和動作來回應這個情境和醫療環境時要符合真實；最後，有自發性（spontaneous），在透過耳語技術來進行布偶和孩童之間的互動時要能自發立即反應，因為這類的互動是無法預演或按照劇本演出的，而必須展現一種更自然的對話，以回應孩童的學習需求（Reid-Searl, O'Niell, Dwyer, & Crowley, 2017）。在醫療環境中使用程序布偶遊戲技術時，這些專業特質也會運用到。

程序布偶

程序遊戲，包括布偶的使用，已被用在醫療環境中，是透過布偶遊戲和模擬告知孩童關於醫療和護理介入步驟。Tilbrook、Dwyer、Reid-Searl和 Parson（2017）近來回顧了在兒童健康照護中使用布偶模擬的相關文獻，並發現專業醫護人員和遊戲治療師使用各種方式將布偶整合到他們的實作中，包括模擬醫療程序、說故事，以及讓孩童製作自己的布偶等。特別引人注意的是，有相當多的證據顯示，在準備孩童入院治療和（或）面對疼痛或痛苦的醫療程序時，布偶遊戲很有幫助（Athanassiadou, Tsiantis, Christogiorgos, & Kolaitis, 2009）。在模擬醫療程序上，布偶遊戲很有幫助，它不僅促進孩童對這個程序的理解，還提升孩童在接受這個醫療程序時的應付能力（Athanassiadou et al., 2009）。布偶遊戲也改善

 參考文獻

Athanassiadou, E., Tsiantis, J., Christogiorgos, S., & Kolaitis, G. (2009). An evaluation of the effectiveness of psychological preparation of children for minor surgery by puppet play and brief mother counselling. *Psychotherapy Psychosomatics, 78*(1), 62–63.

Bernier, M., & O'Hare, J. (2005). *Puppetry in education and theatre: Unlocking doors to the mind and heart.* Terre Haute, Indiana: Authorhouse.

Blumenthal, E. (2005). *Puppetry: A world history.* New York: Harry N. Abrams Publisher.

Ekra, E. M. R., Korsvold, T., & Gjengedal, E. (2015). Characteristics of being hospitalized as a child with a new diagnosis of type 1 diabetes: A phenomenological study of children's past and present experiences. *BMC Nursing, 14*, 4. doi:10.1186/s12912-014-0051-9

Fisher, J. (2009). *Puppets, language and learning.* London: A & C Black Publishers Limited.

Haiat, H., Bar-Mor, G., & Shochat, M. (2003). The world of the child: A world of play even in the hospital. *Journal of Paediatric Nursing, 18*(3), 209–214.

Hartwig, E. K. (2014). Puppets in the playroom: Utilizing puppets and child-centered facilitative skills as a metaphor for healing. *International Journal of Play Therapy, 23*(4), 204–216.

Irwin, E. C., & Shapiro, M. (1975). Puppetry as a diagnostic and therapeutic tool. In I. Jakab (Ed.), *Transcultural aspects of art: Art and psychiatry* (Vol. 4, pp. 86–94). Basel: Karger Press.

Landreth, G. (2012). *Play therapy: The art of the relationship* (3rd ed.). New York: Routledge.

Parson, J. (2009). Play in the hospital environment. In K. Stagnitti & R. Cooper (Ed.), *Play as therapy: Assessment and therapeutic interventions* (pp. 132–144). London: Jessica Kingsley Publishers.

Parson, J. (2016, June 25). *Bringing puppets to life in play therapy.* Presented at the Putting Theory into Practice in Creative Arts, British Association of Play Therapy BAPT Conference, Birmingham.

Pélicand, J., Gagnayre, R., Sandrin-Berthon, B., & Aujoulat, I. (2006). A therapeutic education programme for diabetic children: Recreational, creative methods, and use of puppets. *Patient Education and Counseling, 60*(2), 152–163. http://doi.org/10.1016/j.pec.2004.12.007

Reid-Searl, K. (2012). *Pup-Ed™ KRS simulation.* Rockhampton, Australia: CQ University.

Reid-Searl, K., O'Neill, B., Dwyer, T., & Crowley, K. (2017). Using a procedural puppet to teach paediatric nursing procedures. *Clinical Simulation in Nursing, 13*, 15–23. http://dx.doi.org/10.1016/j.ecns.2016.09.013

Reid-Searl, K., Quinney, L., Dwyer, T., Vieth, L., Nancarrow, L., & Walker, B. (2016). Puppets in an acute paediatric unit: Nurse's experiences. *Collegian.* http://doi.org/10.1016/j.colegn.2016.09.005

Rogers, C. (1957). The necessary and sufficient conditions of therapeutic personality change. *Journal of Consulting Psychology, 21*, 95–103.

Schaefer, C. E., & Drewes, A. A. (2014). *The therapeutic powers of play: 20 core agents of change*. Hoboken, NJ: John Wiley & Sons.

Tilbrook, A., Dwyer, T., Reid-Searl, K., & Parson, J. (2017). A review of the literature: The use of interactive puppet simulation in nursing education and children's healthcare. *Nurse Education in Practice, 22,* 73–79.

UN General Assembly. (1989). *Convention on the rights of the child: Adopted and opened for signature, ratification and accession by general assembly resolution 44/25 of 20 November 1989.* Retrieved from the office of the United Nations High Commissioner for Human Rights website www.ohchr.org/EN/ProfessionalInterest/Pages/CRC.aspx

布偶的類型及範圍建議

人物布偶——各種年齡、性別和族群的布偶

動物布偶——馴養的和野生的動物，如：兔子、老鼠、老虎、鱷魚

神話與傳奇之布偶角色——龍、巫師、仙女、美人魚等

特殊人物布偶——警察、醫生、法官等

皇室成員布偶——國王、女王、宮廷弄臣等

兒童自發性布偶劇

　　教室裡一群七、八歲的孩子正翻弄著一箱子的布偶，他們邊嬉笑邊將布偶一個個從箱子裡拿出來，並試著套上。獅子先是大吼一聲，然後大笑；鱷魚猛咬人一口；小貓咪輕輕喵了一聲，接著把頭往一個女孩的臉頰靠近，磨蹭了一下；烏龜把頭藏在殼裡，還不時地往外偷瞄。過了一會兒，國王宣布表演開始了！孩子們熱切地分享想法，有孩子說：「我們來演看醫生」，「不，演叢林劇。」另一個孩子說：「我們來演超級英雄。」孩子們拋出一個又一個主意，最後決定來演叢林劇。名為國王的湯姆建議：「一隻動物可以扮醫生，甚至可以扮超人。」瑪麗將一塊布鋪在旁邊的桌上，便成為舞台。孩子們每人選了一、兩個布偶，劇也為之擴展。長頸鹿和大象正玩得盡興時，老虎來了，然後開始嘲弄他們，把他們一個叫「長脖子」、另一個叫「大耳朵」。國王穿梭於劇裡劇外，忙著主導劇的發展。助理教師仔細觀察並提供反思性評論。這時，超級英雄鸚鵡飛了過來，給大象和長頸鹿建議和鼓勵，鸚鵡說道：「用你有力的聲音。」隨著故事的進展，孩子們也嘗試了不同的角色。有些孩子善於說話，有些孩子擅長領導，其他孩子習於跟隨，但所有的孩子都以適合自己的方式參與。

　　兒童自發性布偶劇可提供各種發展上和治療上的益處。布偶是投射性的遊戲媒材，提供兒童不具威脅性的方法來表達想法、感受、著迷事物、問題、恐懼、擔憂、內在衝突、幻想和喜樂（Jennings, 2005）。布偶劇可促進兒童情感駕馭能力的發展，孩子可居主導地位，操弄布偶，及決定劇的發展。他們可演出真實生活的經驗和情境、嘗試不同角色、以言語和肢體來探索和表達情緒。透過富趣味性和易於演出的劇，孩子感覺獲得賦權，能夠溝通強烈的情緒、獲得理解、解決內在衝突、找到解決問題的辦法、學習辨識自己和他人的情感，以及控制焦慮（Prendiville, 2014）。另外，自發性布偶劇有助於兒童語言和想像力的發展，促進兒童間正向的社交互動（Seach, 2007）。在學校提供一個促進及重視布偶劇，且具趣味性的氛圍，有助於學童從中獲得布偶劇所能提供的益處。實務工作者可讓孩子自由地探索布偶及演出，成人必須提供劇的資源，以及安排演出的空間和時間，在孩子演出時，也必須花時間陪伴和觀賞，此為關鍵的一點。一開始，孩子會對布偶進行探索，把布偶套上或脫下、替布偶發聲，慢慢地，孩子會賦予布偶性格和個性、讓布偶說話以及與其他布偶溝通。兒童進行這一類活動的機會越多，他們的布偶劇技巧就越能獲得發展。隨著這些技巧的發展，兒童除了表達情感的機會得到增加外，也能夠進一步發展執行功能的技巧，包括計畫、組織、監控、專注和自我控制。

技術：兒童自發性布偶劇

年齡：學齡前至小學高年級

團體人數：四到六位兒童（可應用於全班）

所需材料：布偶、演出空間、創作布偶劇場的材料

成人的角色：花時間觀察劇的演出、給予非指導性的回饋和評論，適當時可加入劇（可作為敘事者，或扮演布偶的角色）。

這場劇發生在什麼時候？

為什麼需要醫生？

每一個布偶可能會說的台詞／會做的事情？

演出階段（20 到 40 分鐘）

1. 邀請孩子根據主題演出一場布偶劇。

2. 觀察劇的演出，提供反思性評論，對行動和情緒等做出回應。

檢討階段（10 到 15 分鐘）

1. 讓孩子再次回到各自的小組，檢討他們演出的劇。

2. 由執行計畫主導討論，用提示卡和小組的計畫來引導討論。成人
   可依小組需求給予合適的支持。

提示建議

你和誰一起演出？

你演了什麼？

你做了什麼？

布偶劇裡發生了什麼事情？

3. 每個小組皆有機會告訴其他小組他們做了什麼。

延伸建議

• 讓孩子就他們的演出經驗完成書面檢討；可使用符號、單詞或句
  子。對較年幼的孩子，或讀寫有困難的孩子，可由成人擔任抄寫
  工作。

• 在孩子演出時攝影。在之後的課程裡將照片依劇情順序編輯「看
  醫生」的照片故事。

• 將醫生的主題延伸至較正式的課程中。

• 邀請父母或照顧者參觀布偶劇的展示場地，觀賞孩子演出的照
  片。

　　同樣地，可讓孩子在學校用布偶劇來回應和探索故事、詩詞、歌曲和童謠；也可讓孩子在創作藝術課上自己設計和創造一系列的布偶。免洗餐盤、信封、木匙、紙袋和襪子都是易於製作布偶的材料（Woodard & Milch, 2012; Jennings, 2008; Kennedy, 2004），孩子們即可用自己創作的布偶來演出故事、將故事延伸，或對一首歌曲或童謠做出回應。當其他孩子用自己製作的布偶演出時，另一個孩子可擔任敘事旁白。另外，孩子也可用布偶劇來回覆「如果……的話，故事又會怎麼發展？」的問題，將故事改編或延伸。例如，如果三隻小熊在金髮姑娘吃麥片粥的時候回來，故事又會怎麼發展？較年長的孩子可創作較複雜的布偶，將對自己來說重要的情境或經歷作為故事來演出。例如，最新一季的選秀節目《X 音素》（*The X Factor*）或對運動球星或電視名人的訪問。較年幼的孩子可製作簡單的套指布偶，作為〈五隻小猴子〉或〈王老先生有塊地〉等童謠歌曲的伴演。蠟筆上色後的紙條可繞著手指貼上，輕易地就可變成青蛙、小豬、小男孩或女王。布偶的創作和使用，可增加課堂的趣味與活力，並能鼓舞孩子們更主動參與課堂的活動。

技術：透過布偶劇回應故事或歌曲

年齡：幼兒園至小學高年級

團體人數：小團體或全班

材料：故事書或音樂、製作布偶的材料

成人的角色：讀故事／播放歌曲，邀請孩子製作代表故事或歌曲中
　　　　　　人物的布偶。

活動：孩子創作布偶（免洗餐盤布偶、套指布偶、木匙布偶等），
　　　之後再邀請孩子用自己做的布偶人物將故事／歌曲演出。

音。你不須使用假音，可依布偶的年齡、性別和心情來調整你的
聲音和語調；不論聲音的輕重、語速的快慢都可達到效果，重要
的並非你是否能發出最精緻的聲音，而是你是否能將布偶的聲音
始終保持一致。

　　將布偶介紹為你的朋友，這有助於孩子將布偶的角色視為真實的生
命，將它當作團體的一份子，也能展現實務工作者全心投入在布偶劇的假
想世界中（Prendiville, 2014）。建構一個好的故事，並以趣味的方式呈
現，對促進布偶和孩子間正向關係的發展至為重要，是確保這個方式成功
的要素。下面幾點是為布偶注入生命，促進它與孩子間正向關係發展的秘
訣。

- 將你的布偶視為真實的生命。
- 布偶第一次來到班上之前，可將有關這個「新朋友」的資訊和照
  片與孩子分享，布偶可寄信、明信片或電子郵件到班上，與孩子
  分享訊息，表達期待和孩子見面的心情。
- 任何時候布偶都應以有生命的方式呈現，切勿將布偶塞在櫥櫃
  裡！
- 布偶和其他孩子一樣，需有自己的座位、衣帽鉤和書包。
- 在各種不同的場合和活動中為布偶拍照，並與孩子分享照片。
- 讓布偶對班上的孩子說話，和他們分享一些個人訊息。
- 經常與布偶說話，讓布偶規律地參與課堂活動，在一整天的各個
  階段認可它的存在。
- 給孩子機會觸摸布偶、與布偶說話，例如：讓孩子與布偶握手、
  和它擊掌，並與它分享他們的想法和故事。

• 布偶背包：布偶來到班上時，讓它帶著背包，裡面裝一些它最喜歡的東西，像是它最喜歡的繪本、食物、玩具等。布偶也可攜帶一些老師計畫要用在某堂課的資源。

藉由操弄布偶技巧、相片，以及所分享的個人生命故事，為布偶注入生命，幫助孩子與布偶發展深層及有意義的關係。有些孩子將會與布偶成為朋友、知己、一個他們可以說話、一起午餐、擁抱、玩耍的對象。這樣的關係有助於孩子發展出各種不同的利社會行為和技巧，例如：分享、輪流、積極聆聽、溫和的動作等技巧，以及提升利他行為、同理心和自尊心。除了促進孩子與布偶間正向的互動，布偶朋友的應用也能增強語言、想像力和遊戲能力的發展。對那些建立同儕關係有困難的孩子來說，與布偶朋友建立關係所學到和練習到的技巧，將能轉移到真實世界的關係裡。

技術：新朋友
年齡：四到八歲
材料：一個大型布偶，等身布偶更佳

準備工作

1. 準備生命故事：建構新布偶的詳細資訊。
2. 認識你的布偶。
3. 練習操弄布偶。
4. 為布偶照一些相片。
5. 以布偶的身分發送電子郵件給班上。
6. 班上孩子回覆郵件給布偶以分享訊息。
7. 為新「同學」預留位置，如座位和衣帽鉤等。

　　教室裡，白老師讓五、六歲的孩子圍坐一起，告訴他們她有個新朋友需要幫忙。她說：「他的名字叫小菲，已經讀了好幾間學校，在這些學校他有很多問題。」孩子們睜大眼睛、專心聽著老師說明小菲沒有辦法遵守學校的規則。白老師對孩子解釋：「他不知道如何有禮地說話，動作也不溫和，他會打人、踢人、吐口水、喊叫，說出傷害同學和老師的話語。他搬了很多次家，和不同的人住在一起，他先和媽媽住，然後和媽媽和繼父住，現在他要搬去和奶奶住了，常常搬家對一個孩子來說很難適應，這會讓他們產生許多混亂和困惑的感覺。」孩子們紛紛點頭表示同意，白老師繼續說道，小菲的奶奶聽過白老師的班級，她聽說班上的孩子舉止溫和、說話有禮，也很樂於幫助他人，她在想，不知道這些孩子是否願意幫助小菲學習新的方法來管理他的混亂情緒和問題行為，她非常希望能為小菲找到一間他能一直待下去的新學校，讓他找到快樂、結交新朋友。

　　孩子們對可以幫助小菲感到很愉悅；他們熱烈地計畫可以幫助小菲改變行為的方法，他們腦力激盪出各種點子，並開始為小菲即將的到來布置教室。

　　這個策略運用在課堂的環境特別有效，因為它將焦點從孩子的問題行為轉移到讓孩子扮演教導者的角色。用這個方法讓與小菲一樣有破壞行為的孩子，承擔幫助小菲的任務，為小菲示範如何舉止溫和及說話有禮。這個方法能確實賦權給有問題行為的孩子，因為他們現在有了理由來改善自己的行為，且焦點不在他們沒有能力，而是在他們有能力來做出目標行為。當孩子與布偶建立關係後再運用這個方法的效果特別好，因為孩子會想要幫助他們的朋友。對孩子在教導布偶時所做的一切嘗試，治療師應給予特別的稱讚和正面肯定，這會進一步增強孩子的正向行為，例如：「湯米，剛才說故事的時間，你示範給小菲該怎麼端坐在座位上，做得非常好，你幫了小菲一個大忙，也是我的好幫手！」如果目標孩子（們）從期望行為偏離，可將他們的注意力拉回來，提醒他們，在幫助小菲學習如何端坐、吃午餐、收拾玩具等工作上，他們扮演了很重要的角色。

技術：示範布偶

年齡：三到十歲

團體人數：個人、小團體或全班

材料：布偶，和任何其他需要的資源工具，如紓壓玩具

成人的角色：讓布偶告訴孩子他（她）正經歷的問題行為、思考模
式或感受，布偶依孩子的年齡使用適宜的語言來解釋這個問
題對他（她）生活的影響。老師，或更正確地說，孩子被指
派對如何處理這個問題給布偶一些建議或支持。布偶嘗試孩
子的建議，將技巧示範給孩子，例如：玩弄紓壓玩具，而非
敲打桌子，之後再回到團體裡，向孩子回報他（她）現在如
何管理這個問題。

用布偶探索情緒

布偶作為幫助兒童學習辨識自己內心以及他人的情緒，是相當好的工具，並能幫助他們以健康的方式來管理和表達重大情緒。

今天是開學第一天，對白老師國小一年級的班級來說是真正的第一天。有些孩子飛奔至教室，開心地與父母揮手再見；有些孩子顯得躊躇不安，緊貼著父母希望他們說些安慰的話，他們看來對將要離開父母一整天感到既擔心又焦慮。白老師的桌子底下有一個包裝好的大箱子，箱子裡有一顆萵苣，裡面藏著一個文雅的小白兔布偶。白老師將彩色的大箱子高舉在空中，鼓勵孩子圍成一圈坐下，看看箱子裡面有什麼，孩子們興致高昂地看著白老師慢慢地拿出萵苣，萵苣上露出一個小耳朵。白老師輕聲說：「她是我的朋友，小兔麗塔。」她對布偶耳語說：「麗塔，不要怕，孩子們都很友善。」白老師對孩子說：「麗塔很害羞，今天她第一次和你

難，也與孩子分享了包括呼吸技巧、冥想、對紓壓玩具正向說話等方法，茉麗有好多新策略可以分享！

總結

本章描述如何將治療性布偶劇應用在學校的方法，涵蓋了一些創新的布偶劇概念，提供給老師、遊戲治療師、教室助理、父母和照顧者，讓他們應用在支持兒童的社會、情緒、認知和行為能力的發展上。布偶在學校的應用還有許多，包括幫助兒童為即將面對的事件或活動做好準備；作為課堂和行為管理的工具，讓孩子全心專注於學習的任務和參與的活動上；週末或假期時，讓孩子們輪流將布偶帶回家。治療性布偶劇應用的可能性無法窮盡，我竭力希望你發揮趣味性和創意，將布偶用於工作上，願你從中獲得樂趣，讓布偶神奇的世界激發你的想像力，在學校的課堂中扮演核心的角色。

參考文獻

Bandura, A. (1977). *Social learning theory*. Oxford: Prentice-Hall.

Crenshaw, D., & Foreacre, C. (2001). Play therapy in a residential treatment centre. In A. A. Drewes, L. J. Carey, & C. E. Schaefer (Eds.), *School-based play therapy* (1st ed., pp. 139–163). Hoboken, NJ: John Wiley & Sons, Inc.

DeLucia-Waack, J. L. (2006). *Leading psychoeducational groups for children and adolescents*. Thousand Oaks, CA: Sage Publications.

Jennings, S. (2005). *Creative play with children at risk*. Oxon, UK: Speechmark.

Jennings, S. (2008). *Creative puppetry with children and adults*. Oxon, London, UK: Speechmark.

Kennedy, J. (2004). *Puppet mania: The world's most incredible puppet making book ever!* Cincinnati, OH: North Light Books.

Knell, S. (2011). Cognitive-behavioral play therapy. In C. E. Schaefer (Ed.), *Foundations of play therapy* (2nd ed., pp. 313–328). Hoboken, NJ: Wiley.

Nash, J., & Schaefer, C. (2010). Clinical and developmental issues in psychotherapy with preschool children: Laying the groundwork for play therapy. In C. E. Schaefer (Ed.), *Play therapy for preschool children* (pp. 15–29). Washington, DC: American Psychological Association.

Prendiville, S. (2014). The use of puppets in therapeutic and educational settings. In E. Prendiville & J. Howard (Eds.), *Play therapy today: Contemporary practice for individuals, groups, and parents* (pp. 97–112). London, England: Routledge.

Reynolds, C., & Stanley, C. (2001). Innovative applications of play therapy in school settings. In A. A. Drewes, L. J. Carey, & C. E. Schaefer (Eds.), *School-based play therapy* (1st ed., pp. 350–367). Hoboken, NJ: John Wiley & Sons, Inc.

Seach, D. (2007). *Interactive play for children with Autism.* Oxon, UK: Routledge.

Sunderland, M. (2003). *Teenie Weenie in a too big world.* Oxon, UK: Speechmark.

Woodard, C., & Milch, C. (2012). *Make-believe play and story-based drama in early childhood: Let's pretend!* London: Jessica Kingsley Publishers.